일러두기

이 책에서 인용한 모든 사례는 공개에 관한 동의를 구했습니다.

개인 정보와 관련된 부분은 변경하거나 삭제했으며 모든 이름은 가명임을 밝혀둡니다.

내 편이 되어 줄래?

초판 1쇄 발행 2015년 9월 30일
초판 5쇄 발행 2018년 4월 2일

지은이 노미애
펴낸이 이지은
펴낸곳 팜파스
기획편집 박선희
디자인 조성미
마케팅 정우룡
인쇄 (주)미광원색사

출판등록 2002년 12월 30일 제 10-2536호
주소 서울시 마포구 어울마당로5길 18 팜파스빌딩 2층
대표전화 02-335-3681 **팩스** 02-335-3743
홈페이지 www.pampasbook.com | blog.naver.com/pampasbook
이메일 pampas@pampasbook.com

값 12,000원
ISBN 979-11-7026-043-1 (43180)

ⓒ 2015, 노미애

이 도서의 국립중앙도서관 출판시도서목록(CIP)은 서지정보유통지원시스템 홈페이지 (http://seoji.nl.go.kr)와 국가자료공동목록시스템(http://www.nl.go.kr/kolisnet)에 서 이용하실 수 있습니다.(CIP제어번호: CIP2015024352)

십 대들의 관계 맺기와 감정조절을 위한
따뜻한 심리학 교실

내 편이
되어줄래?

노미애 지음

팜파스

들끓는 감정과 풀리지 않는 관계에 대한
공감과 해법 이야기

∴

사람들은 누구나 즐겁고 행복한 삶을 원합니다. 그러기 위해서는 사람들과의 따뜻하고 친밀한 관계가 매우 중요한 역할을 하지요.

청소년기는 어른이 맺어주는 관계가 아닌 자신이 관계를 만들기 시작하는 때입니다. 이 시기에는 관계에 대한 갈망만큼, 좌절과 상처도 많이 받게 됩니다. 새로운 도전에 따른 시행착오와 실수, 미숙함 등이 있기 때문이지요.

저는 학교 선생님과, 상담사로 지내는 동안 관계 때문에 힘들어하는 사람들을 많이 봤습니다. 때로는 그 정도가 지나쳐 깊은 마음앓이로 남거나 학업을 중단하는 친구들도 봐왔지요. 청소년이건 어른이건 관계로 힘들어했던 그들에게는 공통점이 있었습니다. 바로 스스로 포기하지 않는 한, 반드시 회복된다는 점입니다. 그리고 관계에서 어떤 상처를 받았어도, 그것을 성장의 과정으로 여기고 용기를 내면 한층 더 성숙해진다는 것입니다. 그런 바람에서 이 책은 관계로 인해 가슴앓이를 하는 사람들을 위해 쓰게 되었습니다.

이 책이 도움이 되었으면 하는 첫 번째 사람들은 바로 이런 이들입니다.

친구랑 잘 어울리고 싶지만 친구관계가 쉽지 않아 힘들어하는 친구,

내 마음은 그게 아닌데 본의 아니게 오해를 받아 억울한 친구,

강의나 수업은 잘 알아들어도 인간관계에서 말귀를 못 알아들어 무시당하는 친구,

이제는 사람에 지쳐 더 이상 친구 사귀기를 포기하려는 친구,

부모 자녀 관계에서 대화가 되지 않아 힘들어하는 부모님과 자녀,

선생님 제자 관계에서 서로 소통이 되지 않아 답답해하는 선생님과 학생.

이들에게 이 책에 실린 내담자들의 성장 이야기, 학교에서는 배울 수 없었던 관계에 대한 심리학 지식들이, 힘과 용기가 되어주기를 바랍니다.

다음으로 도움이 되었으면 하는 사람들은 바로 '외로운 이들'입니다.

어쩌면 이 글을 읽는 누군가는 '나는 친구가 많은데… 인간관계에는 별로 관심 없는데…'라고 생각할지도 모르겠습니다. 하지만 경험상 그런 친구들 역시 막상 대화해보면 '속마음을 터놓고 이야기할 만한 친구가 없다', '힘들고 외로울 때 도와달라고 할 사람이 없다'는 말을 종종 합니다. 요즘엔 이메일은 물론이고 카카오톡, 트위터, 페이스북 등 간편한 소통 수단이 늘고 있습니다. 그에 따라 관리하는 친구도, 이용 시간도 늘어나 우리는 많이 바빠진 것 같아요. 하지만 정작 얼굴을 마주하고 마음을 나누는 시간, 외로움을 함께할 가족과 친구는 줄어들지 않았나 싶습니다.

청소년들은 더 행복해지기 위해 매우 바쁘게 공부합니다. 그러느라 진짜 관계를 맺는 법, 함께하는 즐거움과 여유는 지나치고 있지 않은지 생

각해봤으면 합니다. 이 책은 그 즐거움과 여유를 되찾는 법, 관계에서 기다리고 상대의 이야기에 귀 기울이는 방법에 대해 담았습니다. 관계에 서툰 친구, 지금의 관계가 더 따뜻하고 친밀해지길 바라는 친구들에게 작은 나침반이 되기를 소망합니다.

마지막으로 도움이 되길 바라는 사람들은, 폭발하는 감정을 조절할 수 없어 힘들어하는 이들입니다. '욱'하는 성질 때문에, 화 때문에, 때론 우울하고, 때론 너무 불안해서 자꾸 원치 않는 문제들이 생기는 친구들도 있습니다. 내 마음을 어떻게 다스려야 할지도 모르겠는데 폭발하는 감정 때문에 관계가 나빠지기까지 하지요. 이 책에는 화 때문에 힘들어하는 여러 사람들의 이야기가 등장합니다. 또한 불안, 두려움, 수치심, 죄책감 같은 부정적 감정들에 시달리는 친구들에 관한 이야기도 나옵니다. 이들은 대체로 제 학생들, 제 아들과 딸, 내담자들의 사례이지만, 많은 부분은 저에 대한 이야기이기도 하답니다. 제가 창피함을 무릅 쓰고 그 미숙한 경험들을 밝히는 이유는 선생님이었고, 상담사인 저 역시도 관계 맺기와 감정 조절은 쉽지 않다는 걸 알리고 싶어서입니다. 관계 맺기와, 감정 조절 역시 포기하지 않고 노력한다면 배우고 극복할 수 있습니다. 이 책에 있는 '심리학 교실'의 내용들은 제가 직접 겪으며, 공부한 것들을 적용해가며 배운 것들이랍니다. 제 경험이 저와 같은 어려움을 겪는 사람들에게 작은 도움이 되길 바랍니다.

사막에 사는 호피 인디언들이 기우제를 지내면 반드시 비가 온다고 합니다. 그 이유는 그들에게 신과 통하는 놀라운 힘이 있어서가 아니라, 비가 내릴 때까지 기우제를 지내기 때문입니다. 관계로 인해 가슴앓이를 하고, 폭발하는 감정 때문에 힘들고, 그래서 외롭고 절망스러운 적이 있나요? 그렇다면 이 책의 내용들을 내 것이 되도록 삶 속에 적용하고 연습해보았으면 합니다. 누군가는 금방 도움을 받을 수도 있고, 또 누군가는 오랜 시간이 걸릴지도 모르겠습니다. 하지만 이 지식과 경험들이 제 삶의 단비가 되었듯, 이 책을 읽는 누군가의 삶에도 아름다운 단비가 되길 기도합니다.

노미애

comtemts

PART 1 친구, 너는 나의 편이 맞니?

한없이 가까운, 그러면서도 나와 너무 다른…

관계 맺기를 위한 심리학 교실
친구관계를 힘들어하는 내 마음, 어떻게 돌봐주면 좋을까요?

부글부글, 지금 이 감정이 너무 힘들어!
서운하고 짜증나는 감정 때문에 폭발할 것 같아

PART 2

관계 맺기를 위한 심리학 교실

멋대로 튀어나오는 감정, 어떻게 조절하면 좋을까요?

저, 좋아하는 사람이 생겼는데요…

내 마음은 몰라주고, 자꾸 상처만 주는 그 친구, 사랑 맞나요?

나는 왜 이 집에서 태어났을까?

벗어나고도 싶고, 기대고도 싶은 나의 울타리

PART 1

친구,
너는 나의 편이 맞니?

한없이 가까운,
그러면서도 나와 너무 다른…

나는 왜 이렇게 애들이랑 다른 걸까요?

저는 고1 여학생이고, 반 반장입니다. 그래서인지 지금은 아이들이 저를 많이 좋아하는 것 같지만, 전 혼자가 될까 봐 항상 두렵습니다. 고등학교에 와서 처음으로 반장이 되었는데, 아마 제가 성적이 좋고 외모가 좀 튀어서 됐을 거예요. 저는 언제나 애들이랑 몰려다니기 해도 그 안에 끼지 못하는 느낌이 있거든요. 사실 저는 초등학교 때 왕따를 당한 적이 있어요. 그래서 애들이 언제 저를 왕따 시킬까 항상 두려워요. 그래도 고등학교에 오면서 이런 저 자신을 극복해보고 싶었는데, 또 문제가 생긴 것 같아요. 새로 동아리에 들어갔는데, 왠지 또 오버를 한 것 같아 지금 머리가 너무 아픕니다. 어제 오리엔테이션 날이었는데, 애들이랑 선배님들이랑 얘기할 때 "좆나 재수 없어. 지랄." 이라고 욕을 했더니 완전 반응이 싸하더라고요. 저도 모르게 애들이랑 비슷해지고 싶어서 해본 말인데, 애들 반응은 별로 안 좋고, 제 기분만 나빴어요. 사실 저는 평소에 거의 욕을 안 하거든요. 저는 원래 욕하는 것도 싫어해요. 근데 애들이 이런 저를 너무 별나라 사람으로 생각할까 봐, 그래서 또 외로워질까 봐 저도 모르게 그런 것 같아요. 저는 그저 애들이랑 잘 지내고 싶은 건데, 그게 힘들어요. 저는 왜 이렇게 애들이랑 다른 걸까요?

- 아영 -

먼저 나를 있는 그대로 받아들이고,
바꾸고 싶은 부분에 대해 용기 내봅니다.

아영 님. 또 왕따를 당할까 봐 많이 두려워하고 있군요. 왕따는 정말
고통스러운 경험이랍니다. 초등학교 때 왕따를 당했다니 아영 님이 혼자
가 될까 봐 그렇게 두려워하는 것도 무리가 아니에요. 머리가 아플 정도
라니 마음의 상처가 매우 큰가 봅니다. 우리 몸은 마음보다 더 먼저 반응
을 보일 때가 많거든요. 외롭고 힘들었지요?

하지만 어떻게 이런 상황을 극복해보려는 마음을 먹었나요? 두려운
상황에서 용기를 내는 건 정말 힘든 일이에요. 아영 님처럼 왕따의 상처
를 가진 사람은 보통 관계 맺기를 두려워해서 관계를 아예 맺으려 하지
않거든요. 이런 상처를 심리학에서는 '소외감의 도식'이라고 말해요. 이
경우 관계 맺기를 시도해보게끔 마음먹도록 돕는 단계가 가장 힘든 과정
이에요. 그런데 아영 님은 스스로 두려움을 극복하려고 마음먹었고, 이
미 시도한 상태이니 상담가인 저로서는 정말 칭찬해주고 싶어요.

아영 님에게는 조금 의아하게 들릴 수도 있겠지만, 10대 시절에 사회
적 소외감(왕따 당하는 느낌)을 느끼는 건 드문 일이 아닙니다. 연구 결과,

7명 중 1명꼴로 왕따를 경험한다는 통계가 있을 정도니 말이에요. 발달 심리학적으로 보면, 10대는 또래집단의 힘이 강한 시기예요. 조금만 다른 특성이 있어도 그 그룹에서 부적합하다고 낙인찍기 쉬운 시기예요. 여기서 혹시나 해서 말해둘 부분이 있는데요. 제 말이 아영 님의 상처가 가볍다는 식으로 들리지 않길 바라요. 아영 님의 왕따 상처가 너무 아픈 경험이지만, 충분히 극복될 수도 있다는 뜻이랍니다. 사람들은 대체로 이 고통이 나만 겪는 것이 아님을 알게 될 때, 좀 더 기운을 내거든요.

그럼 구체적으로 아영 님이 친구들과 자신이 왜 이렇게 다르다고 느끼는지 차근차근 살펴볼게요. 일단 제가 아영 님의 여러 사정을 알고 있지 않아서, 일반적으로 이런 감정을 갖는 사람들에게 어떤 원인이 있는지 알려드리려 합니다.

❶ 우선은 남과 다른 개인적 특성이 있을 수 있어요. 키가 크거나, 작거나, 공부를 아주 잘하거나, 못하거나, 사춘기가 빠르거나, 늦거나, 다문화 가정의 자녀이거나 등의 특성. 아영 님의 경우는 외모가 튄다고 한 것, 또 모든 애들이 부러워할 만큼 공부를 잘하는 것 등이 해당되지요.

❷ 다음은 부모님께서 이웃과 별로 친하지 않거나, 부모님께서 자녀에게 '다른 사람들과 너는 다르다'고 가르쳤다면 이런 감정에 휩싸이기 쉽습니다. 또, 가족 내에 남에게 알리기 어려운 비밀이 있거나, 부모님께서 이웃이나 사회에 대해 너무 비판적인 경우 등도 있을 수 있지요.

❸ 부모님이 양육할 때, 야단을 심하게 쳐서 아이가 '나는 원래 문제 있는 사람이다. 쓸모없는 사람이다.'라고 생각하게 되는 경우도 있어요.

이런 경우는 좀 더 깊은 마음의 상처가 있지요.

일반적으로 이런 요인들이 '나는 다른 사람들과 (부정적으로) 다르다'고 느끼게 한답니다. 아영 님이 여기에 해당하는지 정확히 알 수 없지만, 어떤 원인이든 아영 님이 사람들과 다르다고 해서, 사람들로부터 소외당할 이유는 전혀 없답니다. 다름은 다름일 뿐, 틀리거나 나쁜 게 아니니까요.

그럼 이제 아영 님의 심리적 어려움을 도울 방법을 알려드릴게요.

첫째는 왕따 당했을 때의 상처를 돌보는 것이에요.

할 수만 있다면, 상담 전문가를 만나보는 걸 권해요. 이런 상처는 전문가의 도움이 있다면 훨씬 좋습니다. 하지만 만약 그런 형편이 되지 않더라도 걱정 마세요. 내 편을 들어주거나, 내 말을 잘 들어줄 친구나 어른이 있다면 누구나 아영 님에게 도움이 되어줄 수 있어요. 만약 그런 사람도 없다면, 믿고 있는 신(神)께 말씀드리거나, 아영 님 스스로 자신의 편이 되어 아영 님의 말을 들어주세요. 어른이 된다는 건 스스로 자신의 마음을 다스릴 수 있게 되는 것이랍니다. 아영 님은 이제 어른이 되어가는 과정에 있으니 스스로 자신을 돕는 것도 좋은 경험이 될 거예요.

아영 님의 상처를 치유하기 위해서는 마음속에 있는 아프고, 괴롭고, 외롭고, 속상하고, 화난 감정들이 쏟아져 나와야 한답니다. 비유를 하자면 종기가 곪았을 때, 그 안에 찬 고름이 흘러나와야 낫는 것과 같은 이치랍니다. 마음의 상처도 몸의 상처와 비슷해요. 왕따의 상처로 마음의 한 부분에 '상처받은 감정'이라는 고름이 차 있어서 건드려질 때마다 아픈 것이거든요. 할 수만 있다면, 내 말을 잘 들어주는 누군가에게 왕따 당했을 때의 심정을 이야기해보세요. 울고 싶으면 울고, 화가 나면 화도 내면서 있는 그대로 아픈 마음을 털어놓아보세요. 그 사람이 아영 님의 말을 들어주고, 이해해주고, 위로해주면 마음이 점점 가벼워지는 걸 느낄 수 있을 거예요. 좀 전에 말했듯 그 누군가가 신이나 나 자신일 수도 있어요. 신이라면 기도하듯 말하면 되고, 나 자신이라면 일기 같은 글을 쓰거나 그림을 그려도 좋아요. 아픈 마음을 표현해서 그 마음을 풀면 풀수록 상처는 덜 아파진답니다. 그런 과정을 상담에서는 '부정적 감정의 해소'라고 해요. 그런 후, 자신에게 "넌 더 이상 혼자가 아니야. 더 이상 초등학생도 아니야. 이제 고등학생이 된 내가 나를 외롭지 않게 도울 수 있어."라고 따뜻하게 말해주세요.

둘째는, 나의 개성은 받아들이고 문제점이 있다면 점차 바꾸도록 용기 내보는 거예요. 저는 아쉽게도 아영 님의 개성을 다 알 수가 없어요. 하지만 아영 님은 알 거예요. 키가 크거나, 예쁘거나, 옷을 잘 입거나, 내성적이거나, 유머러스하거나 등등의 특성 말이에요. 사람들과 어울리며 산다는 건, 나의 개성과, 사람들과의 비슷한 점들 사이에서 균형을 잡아가는 과정이랍니다. 유유상종(類類相從)이란 말처럼 비슷한 특성의 사람들끼리 잘 어울리는 건 사실이지만, '내'가 없이 '우리'만 있는 건 힘든 상황이거든요. 그러니 바꿀 수 없고, 바꾸고 싶지 않은 나의 개성은 내 것으로 인정하고 받아들이는 것이 매우 중요해요.

이렇게 고유한 개성을 받아들였다면, 동시에 바꿀 수 있는 문제점은 바꾸는 용기를 내보세요. 아영 님의 경우는 현재 신경 쓰고 있는 오버를 하는 부분일 거예요. 평소에도 잘 쓰지 않는 욕을 했다고 했지요? 아영 님은 나도 너희와 비슷하다는 걸 보여주려고 그랬다고 했는데요. 문제는 아영 님 말대로 그게 본 모습이 아닌데 오버(과잉반응)를 했기 때문에 반응이 별로 좋지 않은 거랍니다. 내가 아무리 아닌 척해도 남들은 나를 더 잘 알 수도 있거든요. 아영 님이 왜 그러는지 다른 사람들은 의아해할 거예요. 입장을 바꾸어 아영 님이 다른 친구가 오버하는 모습을 봤을 때를 생각해보면 이해될 거예요.

좋은 관계를 위해서는 있는 그대로의 나를 자연스럽게 보여주는 게 중요해요. 지금은 조금 두려울 수도 있지만 이것 역시 입장을 바꾸어 보면 이해할 수 있답니다. 뭔가 오버하며 본 모습과 다른 모습을 보이려는 사람과 스스럼없이 자신의 장단점을 드러내는 사람 중 어떤 사람과 함께하고 싶나요? 저는 후자인데, 아영 님은 어떤가요? 아영 님도 비슷하지 않을까 추측해봅니다.

그래서, 셋째는 관계에서 나 자신이 되도록 노력하는 거예요. 나 자신이 된다는 건 관계에서 억지로 멋있게 보이려 하거나, 억지로 못나 보이려 하지 않는 걸 말해요. 아영 님은 오버하지 않아도 지금 자체로 충분히 사랑스러운 사람이에요. 제 눈엔 그렇게 보인답니다. 아영 님이 내가 남들과 다르니 나의 본 모습을 보면 남들이 나를 멀리하지 않을까 걱정하는 마음이 이해되어요. 하지만 세상 사람들은 다 조금씩 다르답니다. 다르다고 서로 멀리한다면 세상에 친구가 되는 사람은 아무도 없을 거예요. 사람들은 달라도 서로 친해질 수 있고, 달라도 사랑을 주고받을 수 있답니다.

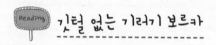

깃털 없는 기러기 보르카

아기 기러기들은 매우 비슷하게 생겼어요. 하지만 처음부터 보르카는 달랐지요. 언니 오빠들처럼 부리도 있고, 날개도 있고, 물갈퀴 달린 발도 있었지만, 깃털이 하나도 없었던 거예요. 아빠 플럼스터 씨와 엄마 플럼스터 부인은 걱정이 되었어요. 그래서 조그만 가죽 가방을 들고 다니는 의사 선생님을 모셔왔지요. 의사 선생님은 보르카를 찬찬히 진찰했어요. 그러더니 깃털이 없는 것 말고는 아무런 이상이 없다고 말했어요. 그리고는 플럼스터 부인에게 할 일을 일러주었지요. 보르카에게 깃털을 짜주라고 말입니다. 플럼스터 부인은 뜨개바늘을 꺼내 깃털을 짜기 시작했어요. 얼핏 보면 깃털처럼 보이는 포근한 회색 털옷을 짰어요. 보르카는 언니 오빠들한테 가서 자기 깃털을 보여주었어요. 하지만 놀림거리만 되었지요.

이제 여름이 거의 끝나갑니다. 날은 점점 추워지고 기러기들은 더욱 바빠졌어요. 이맘때쯤이면 기러기들은 늘 먹이를 구하러 따뜻한 곳으로 날아갑니다. 모두 따뜻한 곳으로 날아갔지요. 하지만 보르카는 가지 않았어요. 보르카는 날 수가 없었거든요.

보르카는 어쩔 줄을 몰랐어요. 보르카는 갑판에 불이 꺼진 배(크롬비

호) 한 척을 골라, 발판을 밟고 올라갔어요. 그곳에서 일하며, 보르카는 파울러라는 이름의 개는 물론이고, 선장이며 선장의 친구 프레드와도 곧 친해졌어요.

드디어 크롬비 호는 런던 가까이에 왔어요. 선장은 보르카를 큐 가든에 두고 가기로 마음먹었지요. 큐 가든은 일 년 내내 온갖 기러기들이 살고 있는 커다란 공원이랍니다. 보르카는 슬펐지만 다음에 꼭 보기로 약속하고 배에서 내렸어요.

큐 가든에 있는 기러기들은 깃털 없는 보르카를 보고도 전혀 아랑곳하지 않았어요. 큐 가든에는 온갖 이상야릇한 새들이 다 있었거든요. 아무도 보르카가 털옷을 입었다고 웃어대지 않았지요. 모두 친절했어요.

《깃털 없는 기러기 보르카》(존 버닝햄, 비룡소) 요약 인용.

왜 선장은 보르카를 함께 데려가지 않고 큐 가든에 데려다 놓고 다른 기러기들과 지내라고 했을까요? 함께 어울리려는 노력은 왜 중요할까요? 다름은 다름일 뿐 틀린 것이 아니에요. 내가 나를 이해하고 받아들이면, 남도 나를 이해하고 받아들이려 노력한답니다.

집에 있으면 만사가 귀찮고,
밖에 나가면 친구들과 놀려고 자꾸 돈을 쓰게 돼요

저는 중1 남학생입니다. 저는 공부도 잘 못하고, 놀 친구도 별로 없어요. 아빠는 내년까지 외국에 파견 나가서 안 계시고, 엄마는 직장 때문에 바쁘시고, 형은 고딩이라 얼굴 볼 새가 없어요. 그래서인지 애들이랑 놀려고 자꾸 돈을 쓰게 돼요. 애들한테 같이 놀자고 하면 "싫은데, 내가 왜? 얼마 줄 건데? 뭐 사줄 건데?" 이렇게 말해요. 애들 사이에서 하는 유행어라서 기분이 나빠도 그냥 노는데, 놀다 보면 애들은 돈이 없다고 하고, 결국 PC방이나 컵라면 값을 자꾸 제가 내요.

엄마는 용돈을 너무 많이 쓴다고 자꾸 뭐라 하시지만, 애들이랑 놀려면 어쩔 수가 없어요. 이젠 저도 엄마 말처럼 공부를 좀 해야겠다는 생각도 하고, 돈 쓰지 말고 친구들이랑 놀아야겠다고 생각하는데, 어떻게 해야 좋을지 모르겠어요. 집에 있으면 만사가 귀찮고, 아무 생각도 없고, 그냥 심심하기만 해요. 어떻게 해야 공부도 하고, 친구도 사귈 수 있을까요?

- 종현 -

사랑과 관심을 나누는 지지적인 관계가
마음의 감기를 낫게 합니다.

종현 님. 공부도 잘 못하고 놀 친구도 별로 없다는 말에서 위축되고 외로운 기분이 느껴져요. 또 식구들도 바쁘다니 집에 가면 더 외롭겠어요. 집에 있으면 귀찮고, 심심하다는 말이 이해가 돼요.

그런데, 종현 님. 어떻게 공부를 해야겠고, 돈 쓰지 말고 친구들이랑 놀아야겠다는 생각을 했나요? 종현 님처럼 위축되고 외로움에 빠지는 경우에는 게임중독 등에 빠지거나 심한 열등감으로 일찌감치 공부를 포기하는 이들도 꽤 있거든요. 그런데 종현 님은 스스로 변화하려고 생각하고 있으니 제게는 매우 기쁘고 반가운 일이 아닐 수 없어요. 제가 보기엔 종현 님의 고민은 힘든 상황들로 인한 일시적 어려움일 뿐, 본래의 종현 님은 자신을 아끼고 성장시키는 에너지가 큰 사람인 것 같아요.

그럼 본격적으로 종현 님을 돕기 위해, 종현 님의 생각이 긍정적으로 변화하고 있는데도, 변화에 쓸 에너지가 없는 이유를 알려드릴게요. 이유를 알면 자신을 이해하는 힘이 커져서 더 힘을 낼 수 있을 거예요.

제가 보기엔 종현 님은 지금 우울증 상태인 것 같아요. 우울증이라는 표현을 써서 놀랐나요? 표현이 좀 생소하고 지나쳐 보여서 그렇지 우울증이란 다른 말로 '마음의 감기'라고 해요. 감기는 쉽게 걸릴 수도 있지만, 푹 쉬고 치료하면 잘 나아요. 또 몸이 약해졌다는 신호라서 이때 몸을 잘 돌보면, 큰 병을 앓지 않도록 예방해주는 효과도 있어요.

마음의 감기도 이와 비슷해요. 마음의 감기는 주변 환경이 춥고 마음이 약해져 있을 때 걸리게 돼요. 여기서 주변 환경이 춥다는 건 따뜻하게 사랑과 관심을 나눌 사람이 부족하다는 뜻이랍니다. 찬바람이 불 땐 감기에 잘 걸리듯, 주변이 추울 땐 마음의 감기에 걸리기 쉬워요. 하지만 몸과 마찬가지로 푹 쉬고 치료하면 잘 낫고, 초기에 잘 돌보면 마음이 큰 병을 앓지 않도록 예방해주는 효과도 있답니다.

그리고 마음의 감기는 또 하나 아주 중요한 역할을 해요. 옛 어른들 말씀에 '애들은 앓고 나면 더 똑똑해진다'는 말이 있는데, 마음의 감기는 그런 역할도 해요. 마음이 크게 자라는 시기엔 심리적 성장을 위한 에너지가 많이 필요해서, 실제로 쓸 수 있는 기운이 부족해요. 이때 마음의 감기를 앓기도 하는데, 그것을 잘 앓고 나면 마음이 훌쩍 자라니요. 그래서 마음의 감기는 앓는 동안은 힘들어도 잘 앓고 나면 훌쩍 성장하는 기회가 되기도 한답니다.

그럼 이제 이 내용을 종현 님에게 적용해볼게요. 종현 님이 지금 '마음의 감기'를 앓는 이유는 크게 두 가지인 것 같아요.

첫째는 사랑과 관심을 나누는 관계가 부족해서입니다.

친구들과 놀려고 자꾸 돈을 쓰게 된다고 했지요? 그런데도 친구들과 놀려고 하는 건 종현 님이 너무 외롭고 심심해서인 것 같아요. 그 정도가 심하기 때문에, 종현 님만 돈을 쓰는 일방적인 상황이 되어도 꾹 참고 친구들과 노는 것이지요. 하지만 이런 관계는 바람직한 친구관계가 아니랍니다. 종현 님도 느끼겠지만 우정은 돈으로 살 수 없는 것이거든요. 친구는 서로 공평하게 주고받는 관계일 때 오래 바람직한 관계가 될 수 있답니다.

그럼 종현 님은 왜 이렇게 심하게 외롭고 심심한 걸까요? 이유는 사랑과 관심을 나누는 가족 같은 지지적 관계가 부족해서인 것 같아요. 가족들이 모두 바쁘니, 종현 님과 함께할 수 있는 시간과 관심이 부족한 거지요. 물론 가족들이 종현 님을 많이 사랑하는 것은 당연하겠지만요. 이런 상황을 심리학에서는 '자아'가 약한 상태라고 해요. 자아는 세상을 살아가는 현실적인 힘을 말하는데요. 인간은 어른이 되기 전엔 홀로 살기 힘든 존재라 어릴 때의 자아는 가족이 그 역할을 많이 담당해준답니다. 예를 들면, 동물원에서 호랑이를 보고 무서울 때, 혼자이년 많이 무섭지만 엄마와 있으면 덜 무서운 상태와 비슷한 거예요. 가족이 힘이 되어주고 친밀한 지지관계를 맺어준다면, 심심하고 외로울 때 가족과 함께 보내면 되니까 친구나 게임, 음식 등에 집착하지 않을 수 있답니다.

만약 종현 님 상황이 이와 같다면 부모님께 도움을 청하는 것이 좋을 것 같아요. 엄마께 도움을 청하면 어떨까요? 종현 님이 엄마의 말씀에 귀 기울이는 것으로 보아 엄마와의 관계가 좋아 보이거든요. 엄마가 바쁘시긴 해도 종현 님의 상황을 아신다면, 어떤 방법을 써서라도 종현 님과 함께 시간을 보내주실 거예요. 사실 종현 님도 알겠지만 엄마가 열심히 일하는 것도 다 자식을 위하기 때문이거든요. 그런데 그런 자식이 힘들어하는 것을 알면, 엄마는 분명 도움이 될 방법을 찾으시리라 믿어요.

하지만 혹시 엄마가 그런 역할을 해줄 수 없더라도 낙담하지 마세요. 선생님이나 상담사, 친척, 친구, 신(神) 등도 그 역할을 대신해줄 수 있어요. 특히, 이 시기에 종교를 갖는 것은 큰 도움이 된답니다. 신은 절대적인 힘으로 깊은 관계를 맺어줄 수 있거든요. 이렇게 친밀한 관계가 든든하게 종현 님을 지지해주면, 원하지 않는 상태로 놀게 되는 상황을 거부할 힘이 생길 거예요.

둘째, 마음이 크게 자라기 위한 건강한 우울증을 앓고 있는 것 같아요.

앞에서도 말한 것처럼 마음이 크게 자라는 시기에는 심리적 에너지가 많이 쓰여서 기운이 없기도 해요. 마음이 자라는 건 애벌레가 번데기를 거쳐 나비가 되는 과정과 비슷하답니다. 어린아이 때 삶의 적응 방식을 버리고 좀 더 성숙한 삶의 방식으로 변화하는 거예요. 그러기 위해서는 애벌레인 모습이 없어지듯, 어린아이의 방식을 포기하는 과정이 필요해요. 종현 님의 경우엔 계속 노는 것만 좋아하던 마음을 포기하는 것이죠. 하지만 그런 포기가 쉽지 않아요. 사실 아무 생각 없이 아이처럼 놀기만 하는 것이 좋잖아요. 하지만 그렇게 놀기만 해서는 적응력 있고 성숙한 어른으로 자라기 어려워요. 그래서 과거의 방식을 포기하는 것이 필요하고, 그 과정이 힘들어서 지금처럼 기운이 없는 거예요. 이때 번데기처럼 가만히 있어 보이는 우울증의 시기가 있는 것이랍니다. 이것은 마음이 자라는 데 필요한 관문과도 같아서 이런 우울증을 정신건강 의학자 중에는 건강한 우울증이라고 말하기도 해요. 이 시기를 온전히 잘 겪어내고 나면, 공부도 열심히 하면서 친밀한 친구관계를 맺는, 더 성숙한 모습으로 변화할 거예요. 멋진 나비처럼 말이에요.

　고민의 핵심 부분을 살펴보았으니 이제 공부방법과 돈을 쓰지 않고 친구를 사귀는 데 도움이 될 방법들을 몇 가지 알려드릴게요.

　첫째는 공부에 관한 부분이에요. 종현 님의 글을 보면 '공부도 잘 못한다'고 했지만, 중간 부분엔 '공부 좀 해야겠다'는 말을 하고 있어요. '공부도'라는 표현을 보니, 종현님은 공부뿐만 아니라 다른 부분에서도 열등감이 있는 것 같아요. 우리는 열등감을 나쁜 것이라 생각하기 쉬워요. 그런데, 열등감은 열등감 때문에 공부를 포기해버리고 싶은 '병적 열등감'과, 열등감 때문에 극복해보고 싶은 '건강한 열등감'으로 나뉜답니다. 여기서 종현 님은 '공부를 잘 못하지만, 포기하지 않고 공부를 해야겠다.'고 생각하고 있으니 건강한 열등감인 셈이지요. 그렇기 때문에 제가 종현 님의 내면 에너지가 크다고 말하는 것이랍니다.

　공부엔 왕도가 없어요. 예습, 수업시간에 집중하기, 복습이 전부랍니다. 이를 바탕으로 열심히 해보세요. 많이 뒤처지는 부분이 있다면 따로 특강, 보충학습과 같은 도움을 받아도 좋을 것 같아요. 다만 남보다 늦었다는 생각에 조급해하지 말아야 합니다. 또 쉽게 성적이 오르지 않는다고 포기하지 말아야 하고요. 긴 호흡으로 계획성 있게 꾸준히 노력한다면 분명히 좋은 성과가 있을 겁니다.

　둘째는 친구를 사귀는 방법이에요. 앞에서 말한 지지적인 관계를 회복하고 나면, 새로운 방식으로 친구를 사귀어 보세요. 제가 권하는 방법은 먼저 관심 있게 질문하고 친구들의 이야기를 잘 들어주는 것입니다. 친구가 나에게 관심을 가져주기 기다리는 것이 아니라, 내가 먼저 다가가는 것이지요. 들을 때도 **가슴을 열고 친구의 말을 들어주어야 합니다.** 듣기의 자세한 방법은 157쪽에 설명해두었으니 참고하길 바라요. 사람들은 자기 말을 잘 들어주는 사람을 좋아합니다. 좋은 감정으로 친구의 말을 들어주면 서로 속마음을 나눌 기회가 생길 거예요.

지금 종현 님의 고민은 마음의 성장을 위해 필요하고 도움이 되는 고민들이랍니다. 충분히 고민한 다음에 자신의 삶을 변화시키려 노력해보세요. 어둠의 터널 끝에 빛을 만나듯, 종현 님이 원하는 삶이 펼쳐지는 시기가 꼭 올 거랍니다.

하기 싫은 일이라도 선배랑 잘 지내려면 해야 되겠죠?

저는 고1 여학생입니다. 동아리에 들었는데, 선배들이 MT에 참석하지 않으면 무조건 벌금을 3만원씩 내라고 합니다. 함께 모인 자리에서 선배가 이야기를 했는데, 우리 학년 중 아무도 말을 하지 않더라고요. 선배가 동아리에 들었으면 단체 생활 하는 것이 중요하다면서, 한 명도 빠지지 말아야 한다고 했어요. 저도 그 말은 이해하는데, 참석하지 않으면 무조건 벌금을 내라니, 이건 좀 억울한 것 같아요.

선배니까 뭔가 말하면 싸우게 될 것 같아 꾹 참았는데, 가슴이 정말 답답한 것 같아요. 동아리에 들어온 이후로 이것과 비슷한 일이 반복되어 계속 고민스럽습니다. 입시를 위한 중점 동아리라서 동아리에서 나갈 수도 없는데⋯⋯. 동아리에 있으려면 하기 싫은 일이라도 선배와 잘 지내기 위해 해야 되겠죠?

- 은진 -

029

하지 않겠다고 말해도
사랑받을 수 있는 존재입니다.

·
·
·

은진 님. 동아리 MT에 참석하지 않으면 무조건 벌금이라니, 은진 님 말대로 무척 억울하고 답답하겠어요. 그런데도 선배와 잘 지내기 위해 하기 싫은 일을 억지로 하려니 마음이 편치 않을 것 같아요.

이 경우만 보자면, 은진 님의 동아리 선후배 관계는 마치 전체주의 사회의 관계처럼 보여요. 단체를 위해 개인의 상황은 별로 고려하지 않는 것 같네요. 은진 님의 말처럼 단체생활이 중요한 건 이해되지만 참석하지 않으면 무조건 벌금이란 건 지나쳐 보여요. 서로 합의된 규칙도 아닌데, 무조건 벌금을 내라는 건 합리적인 결정으로 보이지 않는군요. 개인을 존중하기 위해 단체생활이 잘 운영되지 않는 것도 문제지만, 단체를 위해 개인이 희생되는 것도 바람직하지 않지요. 우리가 학교에서 배운 것처럼 사회의 건강한 상황은 개인의 건강한 상황에 의존해요. 즉, 단체가 건강히 운영되려면 개인이 건강하게 참여해야 가능해진답니다.

이 건강한 대인관계를 심리학에서는 'Win-Win의 관계'라고 해요. 양쪽 모두에게 공평하게 좋은 관계를 맺는다는 뜻이지요. 동아리라는 단체, 여기서는 단체의 입장을 대표하는 선배와 은진 님 같은 후배가 모두 이익이 되는 관계를 맺는 것을 말합니다.

은진 님이 선배와의 관계에서 억울함과 답답함을 느낀다면 제가 지금 말한 부분을 은진 님도 공감하는 것 같아요. 그런데 그런 생각이나 감정을 표현하기 어려워하는 것 같고요. 어려움의 원인은 무엇일까요?

심리학자들은 그 원인이 아주 어린 시절 엄마와의 관계에서 시작되었다고 봅니다. 아이들은 부모의 말씀을 잘 듣고, 착하게 행동하도록 교육받습니다. 그래야 더 많은 사랑과 인정을 받을 수 있기 때문이지요. 하지만 사람은 자유의지를 가졌기에 "아니오" 또는 "싫어"라고도 할 수 있답니다. 그럴 때 부모님은 아이의 마음을 존중하여 "아니오"나 "싫어"라는 표현에도 심하게 화내거나 거부하지 말고, 사랑하는 마음으로 가르쳐야 하지요. 만일 아이가 싫다고 하는 과정에서 엄마에게 사랑받지 못할까 봐 두려워하는 마음이 생겼다면, 심리학에서는 이 마음을 분리불안(separation anxiety)이라고 이야기합니다. 이 마음이 너무 크면 관계에서 "아니오, 싫어요."라고 하기가 어려워진답니다. 은진 님의 어린 시절에 이런 과정이 있었는지는 알 수 없습니다. 다만, 이 설명으로 도움이 될 부분은 관계에서 "아니오, 싫어요."라고 말해도 충분히 사랑받을 수 있는 존재라는 점입니다. 즉, 선배의 말이 억울하거나 답답하게 들릴 때, 그렇게 하지 않겠다고 말해도 충분히 사랑받을 수 있는 존재라는 뜻이지요.

그리고 또 하나, 사람 사이의 갈등은 항상 존재한다는 점을 기억해야 합니다. '말하면 싸우게 될까 봐 꾹 참았는데'라는 글을 보아, 은진 님은 갈등을 회피하고 있는 듯합니다. 동아리에서 나갈 수 없는 상황이고 선배는 더 큰 힘(권력)을 가졌다면, 갈등을 피하고 싶은 마음도 이해가 돼요. 하지만 언제까지 갈등을 피하기만 하면 부정적 감정이 눈덩이처럼 불어나 나중엔 정말 해결하기 어려워질 수 있어요. 은진 님이 더 힘들어질 수도 있고요. 특히, 화를 쌓아두면 화병이 생기든지, 폭발해 관계가 매우 나쁘게 끝나기도 합니다.

쉽진 않겠지만 은진님이 이번 일을 통해 갈등을 푸는 경험을 해보면 어떨까요. 제게 고민을 털어놓은 그 용기를 발휘해 선배에게 마음을 전해보면 어떨까요? 화내고 공격적이 되지 않도록 주의하면서요. 부드럽고 중립적인 말로 시작하면 더 도움이 될 거예요. 우선 이야기가 통할 것 같은 선배를 통해 이야기해보면 어떨까요? "선배님. 이런 얘기를 해도 될지 모르겠지만, 저 동아리 활동을 열심히 하고 싶거든요. 그런데 무조건 벌금 3만원은 좀 너무한 것 같아서요. 피치 못할 사정이 있을 수도 있지 않을까요? 가능하다면 혹시 다른 방법은 없을까요?" 이런 식으로요.

단, 은진 님이 선배에게 억울하고 답답한 마음이 있듯이, 선배도 은진 님에게 불편한 마음이 있을 수 있답니다. 그런 이유로, 말한 후 잠시 동안은 관계가 더 힘들어질 수도 있어요. 더군다나 은진 님에게 앞서 말한 분리불안이 있다면, 이때를 견디기가 어렵고 두려울 수 있을 거예요. 그래서 이런 부분에 대한 마음 공부가 미리 필요한 거고요. 그럴 땐 '"아니요"라고 말해도 사랑받을 수 있는 존재'라는 말을 기억하며 견뎌보길 바라요. 그 불안을 버텨내면, 결국 서로 더 잘 알게 되고, 그 과정이 갈등을 해결하는 과정임을 알게 될 거예요. '비 온 뒤에 땅이 굳는다.'는 말처럼 갈등을 넘은 관계는 더 견고하고 협력적인 관계가 되거든요. 갈등해결에 대한 더 자세한 내용은 170쪽을 참고하길 바랍니다.

혹시 이야기를 하고 기다렸는데, 선배들과의 관계가 Win-Win으로 변화하지 않을 수도 있어요. 혹은 말을 꺼낼 분위기가 영 아니다 싶으면, 다른 친구들처럼 아무 말하지 않고 상황을 버텨내는 것도 하나의 방법일 수 있어요. 왜냐하면 그 상황을 떠날 수 없는 힘든 관계에서는 적극적으로 의견을 표현하는 것보다 소극적으로 자기를 보호하는 것이 도움이 될 수 있거든요. 그런 경우라면 지도 선생님께 도움을 청해도 좋을 것 같아요. 동아리 활동은 학생의 자치활동이지만 지도 선생님은, 학생들이 서툰 부분이 있을 경우 도움을 주려고 함께하는 분이니까요.

은진 님. 제가 앞서 말했던 것처럼 바람직한 대인관계는 Win-Win의 관계랍니다. 선배의 단체생활에 대한 바람도, 은진 님의 개인사정의 배려라는 바람도 모두 합의되는 절충점을 찾았으면 해요. 그리고 혹시 지금 당장은 그런 관계로 나아가기 어렵다면, 은진 님이 선배가 되는 시기부터 동아리 문화를 바꾸는 건 어떨까요?

이런 갈등으로 고민하는 것을 보니, 은진 님에게 리더십이 있는 것 같습니다. 선배 말이기에 참는다는 표현에서 선배의 권위도 배려하려는 걸로 보이고요. 하지만 은진 님의 고민처럼 권위는 나이나 학년에서 나오는 것도 있지만, 더 진정한 권위는 합리성과 모범적인 모습에서 나온답니다. 그리고 자신이 가진 기준을 스스로 지키려 고민하는 사람이 리더가 될 때 조직에 바람직한 문화가 자리 잡을 가능성이 높아져요. 제 눈엔 은진 님이 그런 사람이 되려고 노력하는 사람으로 보입니다. 은진 님의 고민이 동아리 문화 변화의 시작점이 되길 기대해봐요.

애들이 다 맘에 안 들어요

저는 초1 남학생입니다. 요즘 학교에 가기가 너무 싫습니다. 공부 시간도 싫지만, 쉬는 시간은 더 싫어요. 쉬는 시간이나 점심시간에는 애들끼리 모여서 노는데, 애들이 저를 끼워주지 않아요. 지들끼리만 놀고, 저한테는 같이 하자고 말해주지도 않고. 학교가 끝나고서 놀자고 약속하고는 지키지도 않고…… 축구할 때 같이하자고 하면, 들어올 자리가 없다고 하고…… 정말 왕 짜증나요. 확 다 죽여 버리고 싶어요.

엄마는 집에 놀러 오는 다른 애들이랑 놀아보라고 하지만 다른 애들도 다 마찬가지예요. 진석이는 너무 때때거려서 싫고, 영재는 지 맘대로만 해서 싫고, 원준이는 욕 많이 해서 싫고, 서원이는 이랬다저랬다 해서 싫어요. 같이 놀면 짜증나요. 모두 다 제 맘에 안 들어요. 맘에 드는 애들이 하나도 없어요. 전 심심한데 놀 친구가 하나도 없어요. 학교 가기 싫어요.

-서준-

내 맘에 드는 완벽한 친구에 대한
기대를 버립니다.

⦁
⦁
⦁

　서준 님. 많이 외롭고 힘들죠? 친구들이 서준 님에게 놀자고 말해주지 않는 이유를 몰라 답답하기도 하고, 서준 님을 끼워주지 않을 때는 속상하고 화도 나지요? 서준 님 눈엔 친구들이 별로인데, 오히려 친구들이 서준 님을 싫어하는 것 같이 느껴져서 마음이 상한 것 같아 보여요. 특히 축구에서 들어올 자리가 없다고 했을 땐, 그 친구들과 같이 어울리고 싶었다면 마음이 많이 아팠겠어요. 오죽하면 왕 짜증, 죽여 버리고 싶다고까지 했을지……. 서준 님의 다친 마음이 전해져 제 마음도 아프네요.

　하지만, 서준 님. 조금 섭섭하게 들릴지도 모르지만, 서준 님에게 도움을 드리기 위한 제 의견을 말하자면, 서준 님의 반응은 조금 과한 측면이 있어요. 다른 친구들은 그런 일을 겪어서 기분이 좀 나빠도, '다른 애들이랑 놀면 되지' 식으로 생각하고 털어버리곤 하거든요. 서준 님처럼 죽여 버리고 싶을 정도로 화가 나지는 않는 편이랍니다. 아마도 서준 님이 이렇게까지 마음이 아픈 걸 보면, 서준 님에게 '거절'이라는 부분에 상처가 있을지 모른다는 생각이 들어요.

일반적으로 거절에 대한 상처는 어린 시절 엄마와 부득이하게 떨어져 있는 상황이 있었거나, 엄마와 충분한 시간을 함께하지 못한 경험에서 생겨나요. 어린 시절엔 엄마와 충분한 시간을 함께하며 사랑받는 것이 중요한데, 이런 부분이 부족하면 내가 사랑받을 만한 사람이라는 느낌이 부족해진답니다. 그런 경우 대인관계에서 상대가 사정이 있어서 나를 거절해도, 마치 나를 싫어하거나 미워해서 거절하는 것처럼 느끼게 되지요. 꼭 상대에게 배척당하거나 버림받는 느낌이 들지요. 그런 느낌은 정말 죽을 것 같이 싫은 느낌이에요. 그래서 그런 느낌을 주는 사람에게 화가 나고 극도로 미운 감정을 갖게 된답니다. 혹시 서준 님에게 이런 상처가 있는지 살펴보는 시간을 가져보면 어떨까요.

'아는 것이 힘'이란 말처럼 내 상처가 무엇인지 알면 그 부분을 치유할 수도 있답니다. 쉽지는 않겠지만, 누군가 나를 배척하거나 거리를 두는 기분이 들면, 스스로 '나를 싫어해서가 아니야.'라고 자신에게 말해주세요. 그리고 '친구와 멀어질 수도 가까워질 수도 있는 거야. 난 괜찮아.' 이렇게 덧붙여주세요.

서준 님에게 어떤 상처가 있고, 어떤 아픔이 있었더라도 그건 이미 지나간 일이랍니다. 어떤 상처도 내가 허락하지 않는 한 나에게 상처를 줄 수 없답니다. 할 수만 있다면 그런 상황들을 용서하고, 자신에게 "난 소중한 사람이야. 난 괜찮은 사람이야."라고 자주 말해주세요. 그리고 내가 좋아하는 일이나 어울리고 싶은 친구들을 찾아보세요. 내가 좋아하는 것을 나 자신에게 해줄수록 기분이 좋아지고, 그러면 친구관계에도 도움이 될 수 있어요.

다음은 다른 친구들과의 관계에 대한 부분이에요. 친구들이 다 맘에 들지 않는다니 공부 시간보다 쉬는 시간이 더 싫다는 말이 이해가 돼요. 그 정도면 쉬는 시간이 두려울 수도 있을 텐데, 어떻게 이렇게 잘 버텨내고 있나요? 하루의 대부분을 보내는 학교가 그 정도로 힘든 곳이 되어버리면 병이 나든, 학교에서 문제를 일으키든, 어떤 식으로든 문제가 생겼을 법한데요. 그런데도 버텨내며 이 상황을 이겨내려고 제게 힘든 점을 말하다니, 서준 님의 에너지가 참으로 강해 보입니다.

서준 님의 글을 보면 친구관계에서 친구들이 서준 님을 싫어하는 것보다 서준 님이 친구들을 맘에 들어 하지 않는 부분이 커 보여요. 아마도 서준 님은 다른 애들이 놀자면 잘 끼워주려 하고, 약속도 잘 지키려 하고, 말로 땍땍거리기보다 행동으로 배려하려는 사람일 것 같아요. 또, 내 맘보다 남을 생각하며, 욕하고 싶어도 되도록 욕하지 않고, 한번 정한 것은 끝까지 지키려고 노력하는 사람이 아닐까 싶어요. 제 말이 맞나요? 만약 맞는다면 제 눈엔 그런 서준 님이 매우 사랑스럽지만, 서준 님이 바라는 바람직한 특성을 갖기 위해 마음의 어두운 부분이 나도 모르게 꾹 눌려 있을 수도 있답니다. 지금부터 저와 함께 잠잠히 자신의 마음을 한번 들여다보세요. 혹시 마음속에 때론 친구들을 끼워주지 않고, 때에 따라서는 약속을 어기고 싶고, 말로 땍땍거리고 싶고, 내 맘대로 하고 화날 땐 욕하고 싶은 마음도 있나요? 혹시 그런 마음이 있다면 서준 님은 그 마음이 무의식 속에 꾹 눌려 있어서 친구들의 그런 면이 싫은 거랍니다. 이런 것을 심리학에서는 '억압'이라고 해요. **심리학자들은 '타인의 싫은 면은 억압된 나의 내면'이라고 말한답니다.**

그러면 친구들을 향한 싫은 감정에서 편안해지고 친구들과 같이 놀려면 어떻게 해야 할까요? 먼저 서준 님 마음의 꾹 눌린 부분이 무언지 알아차리는 게 우선이에요. 만약 알아차렸다면, 무엇 때문에 그런 부분이 생겼는지 생각해보세요. 부모님이나 선생님의 가르침이 지나치게 엄했기 때문일 수도 있고, 스스로 그렇게 해야 사랑받을 수 있다고 여겨 규율을 세웠을 수도 있습니다. 하지만 사람은 때론 약속을 못 지킬 수도 있고, 크게 남에게 해를 끼치는 상황이 아니라면 내 맘대로 할 수도 있고, 화날 때 욕을 할 수도 있답니다. 생각이 여기까지 이르면 부모님이나 선생님에게 화가 날 수도 있어요. 만약 그러하다면, 부모님의 가르침은 엄했어도 의도는 사랑이니, 그런 서준 님의 마음을 직접 말씀드려보세요. 만약 그것이 쉽지 않다면 일기 같은 글이나, 그림으로 꾹 눌린 마음을 표현해보는 것도 좋아요. 자신만의 글, 그림이라면 욕도 좋고, 나쁜 말도 좋습니다. 자유롭게 표현할수록 감정이 편안해지는 것을 느낄 수 있을 거예요. 처음엔 쉽지 않겠지만, 이런 과정을 통해 감정이 풀어지면 친구들에 대한 싫은 감정이 조금씩 줄어드는 것을 느낄 수 있을 거예요.

그럼 이쯤에서 서준 님에게 도움이 되길 바라며 저의 제자 이야기를 하나 해드릴게요. 제 제자 ○○이 역시 서준 님처럼 이 사람은 이래서 싫고, 저 사람은 저래서 싫고, 세상에 맘에 드는 사람이 하나도 없다며 사람을 만나기가 싫다고 하던 녀석이었어요. 그 당시 저는 그 ○○이가 반에서 친구들 간에 어려움을 당하지 않을 정도로만 보호해주고, ○○이의 귀여운 불평을 간간히 들어주며 그 마음이 자라기를 기다렸어요. 그런데 얼마 전 졸업하고 어른이 된 ○○이가 저를 찾아왔는데, 딴 사람이 되어 있더라고요. 잘 웃고, 사람들이랑 말도 잘하고. 그래서 제가 학교 때와 전혀 달라진 이유를 물어봤지요. 그랬더니 그 녀석 대답이 "사람들을 맘에 들어 하지 않다 보니, 어느 순간 결국 나만 외롭다는 걸 알았어요."라고 하더라고요. 그래서 "비록 내 맘에 쏙 드는 사람은 없어도, 어디를 가나 그냥 있는 사람들과 이야기하면서 즐겁게 시간을 보내기로 했다."고 하더라고요. 마음을 열고, 있는 그대로의 사람들과 어울리며 즐겁게 보내다 보니 자기가 변한 것 같다고. 저는 서준 님의 글을 보며, 제 제자 ○○이가 떠올랐어요. 그리고 그 녀석의 이야기를 꼭 해주고 싶었고요.

세상에 둘도 없이 소중한 친구는 있을 수 있어도 완벽한 사람, 완벽한 친구는 없답니다. 나를 끼워주고, 챙겨주고, 사랑해주는 친구를 기다리면, 언젠가는 만날 수 있을지도 모르지만 그전까지는 내가 더 외롭고 심심해질 수 있답니다.

또, 그렇게 기다리기만 하면 친구가 나타날 때까지는 내 상황을 바꿀 수 없기에, 나는 외롭고 무기력해질 수밖에 없어요. 내 맘에 드는 완벽한 친구에 대한 기대를 버리고, 있는 그대로의 친구들과 어울려 보는 건 어떨까요? 완벽한 친구는 아니어도 그 순간에 함께 있는, 그냥 적당히 괜찮은 친구들 말이에요. 또 알아요? 어쩌면 서준 님의 진짜 좋은 친구가 그 친구들 중에 있을지……. 아니면 그런 시간들이 쌓여 서준 님이 제 제자처럼 누구나 함께하고픈 사람으로 성장할지 말이에요.

관계 맺기를 위한
심리학 교실

1

친구관계를 힘들어하는 내 마음,

어떻게 돌봐주면 좋을까요?

나는 왜 늘 이런 식으로
관계를 맺는 걸까?

"집에 가는 길에 전에 같은 반이었던 애를 만났는데, 그 애가 인사를 하
지 않고 그냥 갔어요. 저에게 뭔가 삐친 게 있는 건지, 아님 이젠 자기도
다른 친구들이 많이 생겨서 쌩까는(모르는 척하는) 건지……. 아무튼 화나
고, 기분 나빠요. 저도 다음부턴 쌩까려고요."

학생 상담을 하다 보면 이런 이야기를 종종 들을 수 있어요. 친구관계
에서 사소해 보이지만 중요한 고민들이죠. 이런 경우, 전에 같은 반이었
던 친구가 적당히 아는 사이였다면, 앞으로 모르는 척하고 멀어져도 큰
문제가 없을 수도 있어요. 하지만 그 애가 친했던 친구라면, 친하고 싶었
던 친구라면 관계가 끊어질 수도 있는 상황이니 고민이 크겠지요. 이런
상황의 고민을 해결하기 위해서 심리학에서는 어떤 방법으로 돕는지 살
펴볼게요.

첫 번째는 어떤 사건이 있었는가를 살펴보는 거예요.

이 학생에게 생긴 고민스런 사건은 전에 같은 반이었던 애가 인사를

하지 않고 그냥 지나간 일이에요.

두 번째는 이 사건을 내가 어떻게 해석했는지를 살펴보는 거예요.

해석이란 그 순간 떠오른 나의 생각을 찾아보는 거예요. 이 학생은 '그 애가 나에게 뭔가 삐친 게 있는 건가, 또는 이젠 그 애가 다른 친구들이 많이 생겨서 나를 모르는 척하는 건가.'라고 생각했어요. 사람들은 고민스런 사건이 생기면 그 사건에 대한 나름의 생각이 떠오르거든요. 그런데 이 생각이 어떤가에 따라 다른 기분, 다른 행동이 생겨요. 그래서 이런 생각을 찾아보는 것, 즉 내가 어떻게 해석했는지를 살펴보는 것이 중요해요. 이렇게 타인의 행동에 담긴 의도나 원인에 대한 개인적인 생각을 인지치료(사람의 생각, 기분, 행동은 서로 관련되어 있는데, 이 중 생각을 변화시켜 기분과 행동에 변화를 가져오는 심리치료 기법)에서는 '대인사고(대인관계에 대한 자동적 사고)'라고 해요.

이 학생의 경우는 두 가지 생각을 했어요. 그중 하나는 '나에게 뭔가 삐친 게 있는 건가'예요. 이렇게 생각하면 그 애의 행동에 대해 섭섭하거나 당황스러울 수도 있지만, 그 이유에 대해 궁금할 거예요. 그러면 그 친구에게 똑같이 삐친 모습으로 대하든지, 아니면 이유를 물어볼 수도 있겠지요.

또 다른 하나는 '이젠 자기도 다른 친구들이 많이 생겨서 모르는 척하는 건가'예요. 이렇게 생각하면 섭섭한 수준을 넘어서, 무시당하는 기분이 들어 화날 수도 있지요. 그러면 그 친구에게 화를 내거나, 아니면 다음부터는 나도 모르는 척할 수도 있을 거예요. 그리고 그런 상황이 계속되면 관계가 끊어질 수도 있겠지요.

하지만 달리 생각하면 다른 감정이 들고 다른 행동이 나올 수도 있어요.

예를 들면, 그 애가 인사를 하지 않고 그냥 간 것에 '바쁜 일이 있나? 또는 나를 잘못 봤나?'라는 생각이 든다고 가정해보세요. 저 애가 뭔가 바쁜 일이 생겨서 인사할 겨를이 없었거나, 딴 생각에 빠져서 잘못 봤거나, 아님 내가 머리 모양을 바꾸거나 안경을 껴서 못 알아봤다고 생각해보세요. 그러면 그런 상대방이 이해되고, 그럴 수도 있겠다 싶어져요. 상대의 상황에 대해 궁금해지거나, 걱정이 될 수도 있을 거예요. 그런 마음이 들면, 다음에 만날 때는 먼저 인사하고 무슨 일이 있는지 물어볼 수도 있겠지요.

또 '나처럼 먼저 인사하길 쑥스러워하나? 또는 인사하려고 망설이다 지나쳐버렸나?'라는 생각이 든다고 가정해보세요. 그러면 아마 그 애에 대해 동질감이 들면서 섭섭한 감정이 훨씬 줄어들 거예요. 다음에 만날 땐 먼저 인사를 할 수도 있을 거예요. 적어도 먼저 모르는 척하거나, 기분 나쁜 표정으로 지나치지는 않을 거예요. 이렇게 어떤 사건이 있었을 때, 순간적으로 드는 타인에 대한 생각은 상대방에 대한 감정과 행동에 영향을 미친답니다. 그래서 순간적으로 드는 타인에 대한 생각, 즉 대인 사고를 알아차리고 살펴보는 것이 중요해요.

세 번째는 생각으로 인한 기분을 명확히 해보는 거예요.

학생들을 상담하다 보면, 보통 '짜증'이란 표현을 자주 쓰는데요. 이건 여러 기분이 섞여 있는 상태를 말한답니다. 고민을 해결하기 위해서는 이렇게 섞인 기분들을 그대로 표현만 해도 도움이 돼요. 하지만 그 안의 기분들을 명확히 해보면 마음을 푸는 데 더 도움이 될 수 있어요. 화,

슬픔, 섭섭함, 아쉬움, 답답함, 삐침 등으로요. 이것은 마치 음식을 만들때, 맛을 잘 알면 음식에 어떤 양념이 더 들어가고 덜 들어가야 할지를아는 것과 같아요. 이 학생의 경우는 화가 나고, 기분이 나쁘다고 했어요. 이런 타인에 대한 기분을 '대인감정'이라 하는데, 이처럼 기분을 명확히 해보면 감정 조절에 도움이 된답니다.

사람의 감정은 크게 부정적 감정과 긍정적 감정으로 나눌 수 있어요. 사람들은 대인관계에서 긍정적 감정을 경험하길 원하지만, 이런 사건들로 부정적 감정이 생기기도 하죠. 그런데 알고 보면 부정적 감정이란 긍정적 감정을 원하기 때문에 생기는 거랍니다. 모르는 사람이 그냥 지나치거나 인사하지 않는 것은 전혀 문제가 안 되잖아요. 화가 나고 기분이나쁜 건, 내가 그 친구와 좋은 감정으로 인사를 나누고 싶었기에 생기는감정이랍니다. 이렇게 사람의 감정은 긍정적 감정과 부정적 감정이 함께들어 있어요. 그런데 보통 부정적 감정을 먼저 느끼게 되어 부정적 행동으로 이어지기가 쉬운 것이지요. 따라서 부정적 감정이 느껴질 때, 감정을 명확히 해보고 풀어낼 수 있으면 감정이 변하기도 해요. 부정적 감정이 풀어지면 '아, 내가 그 친구와 친하게 지내고 싶은 마음이 있구나.'하는 긍정적 감정을 느낄 수 있답니다. 그러면 행동이 변화할 가능성도 커지지요.

네 번째는 행동을 예상해보는 거예요.

대인관계에서 타인에게 하는 행동을 '대인행동'이라고 해요. 앞에서 본대인사고와 대인감정을 거쳐 실제로 관계에 큰 영향을 주는 것이 바로대인행동이지요. 이 학생의 경우는 다음부터 모르는 척하겠다고 말했으니 그런 행동을 하기 쉬울 거예요. 대체로 부정적 해석이 부정적 감정을 만들고 배타적 행동으로 이어지는 걸 볼 수 있어요. 내 행동이 상대를 배척하면 상대도 그럴 확률이 높아지니 결국 갈등을 빚거나 상처 주는 관계로 끝나기 쉬울 거예요.

하지만 생각이나 기분이 변하면 행동도 변할 수 있어요. 내 생각과 마음을 바꾸어 긍정적인 감정을 느끼고 호의적인 행동을 하면, 상대도 내 마음을 느낄 확률이 높아지니 관계가 좋아질 가능성이 커지는 것이죠.

이처럼 '생각(사고), 기분(감정), 행동'은 연결되어 있어서 관계 맺기에 영향을 준답니다. 따라서 평소 대인관계에서 자신이 어떤 생각, 기분, 행동이 있는지를 잘 관찰해보세요. 생각이나 기분은 나 스스로 변화시킬 수 있어요. 관계에서 남을 변화시키기는 쉽지 않지요. 될지 안 될지도 모르고요. 하지만 나는 내가 변화시킬 수 있잖아요. 생각과 기분이 달라지면 내 행동도 달라질 수 있답니다. 대인행동이 달라지면 관계도 변화해요.

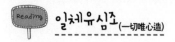

일체유심조(一切唯心造)

배움에 목말라 있던 신라의 승려 원효와 의상은 부푼 꿈을 안고 선진 불교를 배우기 위해 당나라 유학길에 올랐어. 당시 당나라에는 현장법사가 불교의 전성기를 이끌어가고 있었어. 당나라 불교계의 새로운 바람은 신라에도 전해져서 신라의 많은 승려들은 당나라 유학을 원했고, 원효와 의상 또한 현장법사 밑에서 공부하기를 간절히 원했던 거야. 이들은 오직 부처를 향한 마음으로 경주를 출발했어.

두 사람은 몇 날 며칠을 걸어 충청남도 직산 지방에 이르렀어. 어두워져 동굴에서 잠을 자게 되었는데, 이때 원효는 해골 물을 마시고 깨달음을 얻게 돼. "해골에 담긴 물은 어젯밤이나 오늘이나 똑같은데, 어이하여 어제는 다디단 물이었던 것이 오늘은 구역질을 나게 하는가? 그렇다! 어제와 오늘 사이에 달라진 것은 내 마음일 뿐이다. 진리는 결코 밖에 있는 것이 아니라 내 안에 있다." 원효는 그토록 원했던 깨달음을 해골 물에서 얻었어.

출처 : 《한국사 개념사전》 (최인수 외 5인 지음, 아울북)

'일체유심조(一切唯心造)'란 모든 것은 오로지 마음이 지어내는 것임을 뜻하는 불교용어예요. 타인을 향한 나의 행동 역시 나의 생각과 기분이 만들어낸 결과물이랍니다. 관계를 변화시키고 싶다면 타인에게 내 마음을 알리고 내 주장을 전하는 것도 중요하지만, 나의 내면을 성찰하는 것부터 시작하는 것이 효율적이에요.

나의 생각, 기분, 행동 뒤에는
그 친구에 대한 나만의 '믿음'이 있다

관계 맺기의 고민을 해결하려면 우선 타인에 대한 내 생각(대인사고), 기분(대인감정), 행동(대인행동)이 관련되어 있음을 알아야 해요. 그런 이유로 대인관계에서 변화를 원한다면 생각, 기분, 행동 중 하나만 변화시켜도 도움이 된답니다.

만약 제가 앞에서 설명한 것처럼, 생각을 바꾸었다고 가정해봐요. 친구에 대한 생각을 '친구가 잘못 봐서 그렇지. 나를 알아봤으면 인사를 할 거야.'라고요. 그러면 기분도 덜 나쁘고, 다음엔 친구가 나를 알아보도록 아는 척하거나, 인사하거나, 적어도 먼저 모르는 척하지는 않을 거예요.

이번엔 행동을 변화시켰다고 생각해봐요. 친구에 대한 모든 생각, 기분을 일단 보류해두고 다음에 만나면 무조건 내가 먼저 인사하는 거예요. 친구가 나에게 크게 화가 나 있는 것이 아니고서야 아마 인사를 할 거예요. '웃는 낯에 침 뱉지 못한다.'는 말도 있잖아요. 그러면 '지금의 고민이 오직 내 끙끙댐이었구나.'라는 생각에 맘이 편안해질 거예요. 하지만 혹시라도 그렇게 했는데도 친구가 인사를 하지 않으면 고민이 더 커지겠지요. 그러면 잠시 속은 더 상하겠지만, 모르고 있던 갈등을 발견한 것이니, 갈등을 풀 기회로 삼으면 될 거예요.

이번엔 **기분 바꾸기**예요. 원효대사의 일체유심조 일화처럼, 이 모든 고민이 마음에서 일어난 것임을 알고 적용하는 거예요. 친구에 대한 나쁜 기분이 내 마음에서 일어난 것임을 알고, 내 나쁜 기분을 바꾸는 거예요. 만약 식탁 위 뜨거운 감자를 손으로 집는다고 생각해봐요. 뜨겁게 느껴지는 순간 감자를 내려놓으면 더 이상 뜨겁지 않잖아요. 이처럼 나쁜 기분을 그냥 놓아버리는 거예요. 기분을 바꾸면 애초부터 기분이 나빠지지 않으니, 그 상황에 대해 고민할 필요도 없어지는 거예요.

이처럼 대인관계 고민을 해결하는 데는 여러 방법을 써볼 수 있고, 어떤 것이든 성공하면 좋은 결과를 얻을 수 있답니다. 중요한 건 목표를 정하고 꾸준히 노력하는 건데요. 저는 이 중에서 생각을 바꾸는 방법, 이것을 심리학에서는 인지치료라고 하는데요. 이 방법을 소개하려고 해요. 앞 장에 등장한 학생의 고민을 알기 쉽게 표로 정리해볼게요.

사건	생각(대인사고)	기분(대인감정) (10점 척도로 표시)	행동(대인행동)
같은 반이었던 애가 인사를 하지 않고 그냥 간 일.	그 애가 나에게 뭔가 삐친 게 있는 건가, 이젠 다른 친구들이 많이 생겨서 나를 모르는 척하는 건가?	화가 나고, 기분이 나쁘다.(7점)	다음에 마주치면 모르는 척한다.

〈사고 기록지〉

이렇게 자신의 고민상황을 일목요연하게 표로 정리한 것을 '사고 기록지'라고 해요. 사고 기록지를 적어보면 자신의 상황을 한눈에 살펴보기 좋아요. 또, 고민이 있을 때마다 기록해보면 자신의 인간관계에서 일관된 패턴을 알 수도 있어서 도움이 되고요.

이렇게 표로 기록한 다음에는 자기 생각을 자세히 살펴보는 거예요. 기분이 나쁜 상황이 있을 때 '이 사건이 어째서 나에게 문제가 되는 거지?' 그리고 '내가 나 자신에게 또는 상대방 친구에게 원하는 게 뭐지?' 이런 질문을 스스로 해보면 좋아요. 예를 들면 '나는 왜 친구가 삐친 것에 이렇게까지 신경 쓰지?', '왜 나는 친구가 나를 모르는 척하는 게 문제가 되는 거지? 왜 기분이 나쁘지?' '나는 왜 친구가 인사하지 않는 것에 그렇게까지 화가 나지?' 같은 질문들이지요.

한마디로 '왜?'라는 질문을 던져보는 거예요. 그 이유를 생각해보면 '친구가 삐치면 난 따돌림 당할 것이다. 이유는 내가 모자란 인간이기 때문이다.' '친구가 나를 모르는 척하는 건 나를 무시하기 때문이다.' '애들은 내가 항상 잘하지 않으면 나를 무시할 것이다.' 같은 생각이 나한테 있었다는 걸 깨닫게 돼요. 이 과정은 상담에서도 매우 정교하고 섬세한 부분이어서 금방 깨닫는 경우도 있지만, 대체로는 시간이 꽤 걸리는 일이에요. 그러므로 곰곰이 시간을 두고 많이 생각해보는 것이 좋아요. 그러다 보면 어느 순간 떠오르기도 해요.

이때 떠오른 생각들을 잘 살펴보면 나 또는 상대방에 대한 자신의 확고한 믿음을 찾을 수 있어요. 이 믿음은 대체로 '~하면 ~할 것이다.'의 형태를 가져요. 이처럼 나 자신이나 상대방에 대해 개인적으로 옳다고 믿는 내용을 '대인신념'이라고 불러요. 여기서는 '나는 모자란 인간이다.' '애들은 내가 항상 잘하지 않으면 나를 무시할 것이다.' 이런 것들이지요.

사람들은 누구나 대인관계에서 어떤 사건이 있을 때, 자기만의 믿음을 바탕으로 그 일을 해석하게 됩니다. 옳다고 믿는 그 신념대로 생각하고 느끼고 행동하지요. 즉, 신념은 생각의 가장 깊은 곳에 자리한 굳건한 생각, 곧 믿음이어서 '생각, 기분, 행동'에 영향을 준다는 거예요. 그런데 어떤 신념은 비합리적이거나 너무 경직되어서 대인관계에서 어려움을 일으키는 원인이 돼요. 그래서 이 신념과 사고를 찾아 합리적이고, 유연한 형태로 바꾸면 감정과 행동도 변하게 된답니다.

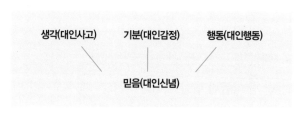

〈생각, 기분, 행동, 믿음의 관계〉

상담에서 흔히 보는 비합리적 사고로는 정서적 추론, 과잉 일반화, 흑백논리, 당위적 사고, 재앙화 등이 있어요. 앞의 설명들을 살펴보고 어떤 생각, 신념이 비합리적인지 알아두면 자신의 생각과 기분을 살피는 데 도움이 될 거예요.

이 학생의 경우는 '그 애가 나에게 뭔가 삐친 게 있는 건가,' '다른 친구들이 많이 생겨서 나를 모르는 척하는 건가'라는 생각 뒤에 다음과 같은 대인신념이 있어요. 바로 '나는 모자란 인간이다.' '애들은 내가 항상 잘하지 않으면 나를 무시할 것이다.'예요. 이것은 비합리적 신념이에요.

'나는 모자란 인간이다.'부터 살펴볼게요. 이 학생의 학업이나 친구관계, 생활태도 등 여러 행동을 평가해보면 부족한 면이 있을 수 있어요. 하지만 사람 자체가 모자르다는 건 사람의 모든 부분에 대해 부정적인 평가를 하는 것이지요. 모든 부분이 부정적인 사람은 없어요. 사람은 긍정적인 부분도 있고 부정적인 부분도 있지요. 따라서 이 학생은 자신의 부족한 부분을 확대 해석해서 과하게 낮게 평가하는 오류를 범하고 있는 거랍니다. 이런 것은 비합리적 사고에 속하며 '과잉 일반화의 오류'라고 말합니다.

다음은 '애들은 내가 항상 잘하지 않으면 나를 무시할 것이다.'를 살펴볼게요. 일단 이 생각은 두 가지로 나누어 볼 수 있어요. '나는 항상 잘해야 한다.'와 '애들은 나를 무시하지 말아야 한다.'라는 생각이에요. 이 둘은 대표적인 비합리적 사고입니다. 왜일까요? 첫째, 사람은 항상 잘할 수 없기 때문이에요. 사람은 잘할 때도 있고, 못할 때도 있어요. 항상 잘해야 한다는 생각은 항상 잘하지 못하면 나머지는 의미가 없다는 뜻도 되지요. 이런 생각을 '흑백논리'라고 하는데요. 100점이 아니면 모두 0점이라고 생각하는 식이에요. 이렇게 생각하면 중간 과정의 노력이나 성과는 전혀 인정하지 않는 셈이니 그런 생각을 하는 사람의 삶은 매우 힘들거예요. 이런 생각은 현실적으로 도움이 되지 않는답니다. '나는 잘하는 면도 있고, 못하는 면도 있다. 하지만 못하는 면이 있어도 존중받을 수 있는 사람이다.'라고 생각하는 것이 합리적이랍니다.

둘째는 '애들은 나를 무시하지 말아야 한다.'는 생각이에요. 사람들이 서로 존중해야 하지만, 때론 서로 무시하는 일도 생깁니다. 역사상 존경받는 인물 중 한 분인 예수님조차 살아계실 당시에 무시를 받았답니다. 현실적으로 서로 무시하는 행동이 일어나기도 하는데, 나만은 계속 '애들이 나를 무시하지 말아야 한다'고만 여긴다면 어떨까요? 상대방은 나를 존중해줘야 한다고 강요당하는 느낌이 들 거예요.

만약에 아버지가 '일등을 해야 해.' '학원에 빠지지 말고 다녀야 해.' '아빠 말에 토 달지 말아야 해.'라는 말씀을 계속한다고 해보세요. 좋은 의도여도 반항심이 생겨날 수 있어요. 심하면 화가 날 수도 있겠죠? 내가 상대방에 대해 '~해야 한다.'는 생각으로 대하면 상대가 이런 느낌을 받는답니다. 그래서 '~해야 한다.'는 생각은 대인관계에서 비합리적이고 부적응적인 사고예요. 오히려 '~하면 좋다.' '~할 수도 있다.'는 생각이 합리적이고 유연한 생각이랍니다.

자, 정리하면 이 학생의 생각, 기분, 행동 뒤에는 '애들은 내가 항상 잘하지 않으면, 나를 무시할 것이다.'라는 믿음이 있었다는 거예요. 그런데 이 믿음이 비합리적이었던 것이고요. 그래서 이런 믿음을 찾아 합리적이고 유연하게 바꾸는 과정을 함께해보았습니다. 이렇게 비합리적 신념에서 합리적 신념으로 바꾸면 생각, 기분, 행동이 달라져 결국 대인관계에 긍정적인 변화가 일어난답니다.

우리나라 사람들은
'된 사람'을 좋아한다

"오늘 학교에서 발표를 했는데, 지금 기분이 이상해요. 분명 애들이 다 모르는 걸 제가 맞춰서 선생님은 잘했다고 하셨는데, 애들은 저보고 '나 댄다'며 재수 없다고 수군거렸어요. 정말 속상해요. 수업시간에 잘 듣고, 열심히 발표하고, 저는 배운 대로 열심히 하는데 왜 애들은 저를 좋아하지 않는 걸까요?"

제 아이들이 어릴 때, 저희 가족이 잠시 독일에서 생활할 기회가 있었는데요. 그때 제 딸의 경험이 위 학생의 경험과 비슷하면서도 좀 다른 점이 있어서 소개해주려 해요.

그때 제 딸은 초등학교 4학년이었고 독일 학교에 다니고 있었어요. 당시 제 딸은 독일어를 잘 못해서 학교 공부를 힘들어했어요. 그런데 어느 날 기분이 좋아져서 친구들과 함께 집에 놀러 온 거예요. 얘기를 들어보니 그날 영어 수업이 있었는데, 선생님이 내주신 질문에 발표를 잘했다더군요. 독일어는 못해도 영어는 조금 했거든요.

그런데 학생의 경우와 다른 점이 있었어요. 발표를 잘하고 났더니 친구들이 모두 와서 엄지손가락을 치켜들며 잘했다고 호감을 보이더라는 거예요. 그 일 이후 제 딸은 독일 친구들과 함께 자주 집에 와서 놀곤 했어요.

반면 그랬던 제 딸이 한국에 들어와서는 위 학생과 비슷한 경험을 한 적도 있어요. 이상하죠? 제 딸은 동일한 사람이고 교실에서 비슷한 행동을 했는데, 나라에 따라 친구들이 다르게 반응한다는 점이…….

사람들이 호감을 보이는 유형에 서양 문화와 우리 문화 사이에 차이가 좀 있어요. 앞의 고민을 호소한 학생은 개인적으로 친구 사이의 감정 표현에 둔감한 부분이 있어서 그 부분을 도와주었어요. 하지만 이런 지식을 알려주는 것도 매우 도움이 되었답니다. 서양 문화와 우리 문화에는 심리적 차이를 보이는 부분이 있어요. 서양 문화는 '개인적, 성취 중심'의 문화이고, 우리 문화는 '집단적, 관계 중심'의 문화라는 점이에요. 서양 사람들은 집단 내 인간관계와 개인의 성취를 놓고 비교할 때 개인의 성취를 더 우선시해요. 우리나라는 그 반대죠. 쉽게 말하면, 서양 사람들은 교실에서 질문하고 열심히 참여하는 모습을 바람직한 태도로 여겨요. 하지만 우리나라 사람들은 공부 못지않게 친구 간의 분위기를 살피고 튀지 않게 행동하는 것을 중시한다는 거예요. '모난 돌이 정 맞는다.'란 속담처럼요.

다음은 제가 학창시절 도덕시간에 배운 내용이에요.

난 사람은 빨리 출세한 사람, 즉, 재물이나 명예를 갖춘 사람이다.

든 사람은 공부를 많이 해서 학식을 갖춘 사람이다.

된 사람은 마음씨가 어질고 덕이 몸에 밴, 인격을 갖춘 사람이다.

이 셋 중에서 된 사람을 목표로 해야 한다.

이 글을 읽으니 우리나라 사람들이 '난 사람', '든 사람'보다 '된 사람'이 되는 것을 가치 있게 여긴다는 점이 이해되지요? 하지만 이는 도덕교과서의 일부 내용이고 우리가 실제로 학교생활을 하며 잠재적으로 배우는 것들을 비교해보면 모순을 발견할 수 있어요.

우리의 학교 교육과정은 서양 교육과정을 바탕으로 만들어졌어요. 그러다 보니 서양 문화의 영향을 받아 학업 성취를 중시하게 되었어요. 즉 '든 사람', '난 사람'을 높이 평가하는 체계지요. 반면 우리나라의 전통적인 교육은 '예절'과 '덕'을 우선적으로 가르치고 평가합니다. 이는 사람 사이의 관계에 대한 공부이고 '된 사람'을 평가하는 체계랍니다. 그럼 이런 우리 문화와 서양 문화의 차이가 지금 교육현장에는 어떻게 적용되어 있을까요?

그전에 하나 더 설명할 것이 있어요. 바로 물질 문화와 정신 문화는 변화 속도가 다르다는 거예요. 물질 문화는 비교적 빨리 변화하지만, 정신 문화는 더디게 변해요. 예를 들면 저는 최신 스마트폰을 들고 다니면서도 아직 수첩에 손 글씨로 글을 써요. 물론 스마트폰에 수첩 기능을 활용할 수 있다는 것도 알아요. 하지만 스마트폰이라는 물질문명은 쉽게 받아들여도, 손 글씨를 쓰는 제 습관과 중요한 글은 직접 적어두는 게 좋다는 제 생각이 잘 바뀌지 않아서 그렇답니다. 이건 비단 저만의 특징이 아니에요. 사람들은 새로운 물건은 쉽게 받아들여도, 습관이나 생각 등은 잘 변하지 않아요. 사람들의 정신 문화가 물질 문화처럼 빨리 변하지 않기 때문입니다.

자, 이 내용들을 학교 교육에 적용해볼게요. 우리나라의 교육과정은 서양 문화의 영향을 받았고, 그래서 '든 사람', '난 사람'에게 좋은 성적을 주고 있어요. 교육과정은 체계화된 문서니, 물질 문화라고 볼 수 있습니다. 한편 '된 사람'에게 좋은 평가를 주는 분위기는 정신 문화랍니다. 정리하면, 물질 문화인 교육과정은 비교적 빠르게 바뀌어 '든 사람', '난 사람'에게 좋은 성적을 줘요. 하지만 정신 문화인 '된 사람'을 추구하는 분위기는 쉽게 바뀌지 않아 잠재적으로 영향을 미치고 있는 거지요.

위 학생의 고민에는 개인적인 어려움 외에 이런 이유들도 영향을 미치고 있답니다. 그래서 학교에서 배운 대로 열심히 하는데, 친구들 사이에서 비호감이 되는 기분이 드는 것이랍니다.

이런 문화적 차이는 '말하기' 교과에서도 볼 수 있어요. 말하기 교과에서는 이성적으로 생각하고 조리 있게 말하며, 자기주장을 잘하는 것을 중요하게 배워요. 그렇게 하면 좋은 성적을 받지요. 그것은 마치 '말을 잘하면 사람들에게 사랑과 인정을 받는다.'라고 해석될 수도 있어요. 하지만 실제 우리 문화는 말을 잘하는 것에 대해 덜 호의적인 편이랍니다. '침묵은 금'이라는 격언처럼, 말을 적게 하거나 간접적, 우회적으로 말하는 것을 선호해요. 예를 들면, 이웃과 음식을 나누어 먹으려 들고 간 경우, 받은 사람은 "고마워요."라기보다는 "뭘 이런 걸 다. 안 가져오셔도 되는데."처럼 말하기도 하지요. 만약 말귀가 어두운 사람이라면 '어? 음식을 가져오는 게 싫은 건가?'라고 오해할 수도 있어요. 이때 우리 문화를 이해한다면 상대방의 말이 '고마워요.'라는 뜻인 걸 알아차릴 수 있답니다. 우리는 너와 나의 마음이 하나고, 통하는 걸 좋아하거든요. 그것이, 말귀를 잘 알아듣는다는 의미지요.

또한 우리가 학교에서 배우는 '말하기'는 주로 공적인 부분에서 필요한 덕목이랍니다. 관계에서는 지나치게 말이 많으면 경솔하다는 인상을 줄 수도 있어요. 일상 대화는 대부분 생각보다는 기분, 즉 감정에 관한 것이랍니다. '옳다, 그르다'보다는 '좋다. 싫다'에 관한 대화지요. 더군다나 이런 감정에 관한 부분은 직접 말하기보다는 상대가 눈치껏 알아주기를 바란답니다. 그래서 우리는 뭔가 서운한 일이 있을 때, 내가 먼저 말해서 상대방이 잘해주면, 그건 잘해준 것이 아니라 '본전'이라고 생각하곤 해요. 우리는 상대를 잘 살피고, 맘을 쓰고, 눈치껏 잘해야 진짜 잘하는 것이라고 생각한답니다. 그런 이유로 우리 문화는 관계에서 '눈치'가 발달해 있어요. 그래서 우리는 말귀를 잘 알아듣고, 눈치 있는 사람을 관계가 좋은 사람으로 생각한답니다.

오늘날 우리는 외적이고 물질적인 부분은 서양 문화 속에 살고, 내적이고 정신적인 부분은 우리 문화 속에 사는 경향이 있어요. 문화란 본래 변화하는 것이기에 어느 정도는 당연한 부분이에요. 그러나 지금 세계는 놀랄 만큼 급변하고 있어요. 어쩌면 우리의 정신 문화도 서양의 것을 더 많이 받아들이게 될지도 모릅니다. 따라서 우리가 서양식으로 개인적,

성취지향적 삶을 살지 아니면 우리식으로 집단적, 관계지향적 삶을 살지를 선택하는 건 오롯이 자신의 몫인 것 같아요. 제 소망은 이 책을 읽는 이들이 이런 다양한 관점을 수용해 균형 잡힌 삶의 태도를 갖는 것입니다. '빨리 가려면 혼자 가고, 멀리 가려면 함께 가라'는 말처럼 우리는 내 목표를 위해 혼자 가야 할 때도 있지만, 더불어 살 때 오랫동안 행복하니까 말이에요. 이 지식들이 이 글을 읽는 이들의 마음속 길 찾기 과정에 도움이 되길 빌어요.

즐거움을 나누는 친구 VS
친밀감을 나누는 친구

"○○이와 저는 친한 친구인 줄 알았어요. 그래서 제 속마음을 모두 이야기했는데, 그 애 별명이 '확성기'라고 하더라고요. 88이가 말해줘서 알았어요. 애들이 내 얘기를 쑤군덕거린다고. ○○이를 절친이라고 믿었는데, 정말 황당해요."

_A

"우리는 네 명이 몰려다니는데, 그중 두 명은 안 친해요. 같이 밥도 먹고, 쉬는 시간마다 모이고, 모둠활동도 같이 하지만 그 애들이랑은 껄끄러워요. 그 애들은 지 얘기도 잘 안 하고, 물건도 잘 안 빌려주거든요. 놀자해도 맨날 바쁘다고만 하고, 몰려다니는 애들이라 챙기기는 하는데, 귀찮아요. 친해지려 해도 맘을 열지 않으니, 몰려다니는 시간이 아까워요."

_B

A 학생은 절친이라 생각했던 친구에 대한 배신감으로 힘들어하고 있어요. B 학생은 같이 몰려다니는 친구 그룹 내에서 친하지 않은 공허한 관계 때문에 고민하고 있고요. 이런 고민은 청소년기 친구관계에서 종종 볼 수 있는데, 결코 쉬운 고민이 아니지요. 때론 이런 친구관계로 인해 큰 상처를 받기도 하니까요. 이런 고민을 하는 친구들에게 도움이 될 만한 심리적 지식이 있어서 소개할게요.

친구관계에는 다양한 종류가 있어요. 첫째는, B 학생의 그룹처럼 같이 어울리고 노는 친구가 있어요. 이 친구들과 심심함을 달래고 즐거움을 나누기도 하지요. 때론 비슷한 취미를 가진 경우도 있어요. 농구나 게임을 좋아하는 친구 모임처럼 말이에요. 둘째는, 현실적인 도움을 주고받는 친구들이 있어요. 예를 들면, 모둠 친구들이죠. 서로 협력하여 과제를 하거나 정보를 공유하는 친구관계 말이에요. 셋째는, 친밀함을 나누는 인격적 친구가 있어요. 이 친구는 성격이 잘 맞고 믿음이 가서 마음을 나눌 수 있는 친구지요. 그 외에도 학연이나 지연으로 이어진 친구, 나이를 초월해 영향을 주고받는 친구 등 여러 친구관계가 있어요.

그러나 크게 나누면 즐거움을 나누는 '보통 친구'와 친밀감을 나누는 '인격적 친구', 이렇게 둘로 나눌 수 있는 것 같아요. 그중 친밀감을 나누는 인격적 친구는 많이 만나기 어렵다고 해요. 셰익스피어는 '친구만큼 세상에서 흔한 것도 없고 실로 친구만큼 드문 것도 없다.'라고 말했을 정도니까요. 그러므로 B 학생처럼 주변 친구가 친밀하지 않다고, 또 A 학생처럼 배신감을 느꼈다고 크게 맘 상하지는 않았으면 해요. 모든 친구와 친밀함을 나눌 수 있는 것은 아니고, 모든 친구가 인격적 친구가 되기도 어렵거든요. 어떤 친구는 보통 친구가 되고, 어떤 친구는 인격적 친구가 된답니다. 삶에는 인격적 친구도 필요하고 보통 친구도 필요해요. 동시에 인생에서 인격적 친구만큼 소중한 것도 없기에, 우리는 끊임없이 인격적 친구를 사귀기를 위해 노력해야 해요.

그럼 어떻게 하면 인격적 친구를 사귈 수 있을까요? 보통 친구에서 인격적 친구가 되는 과정은 매우 섬세하고 정교하답니다. 시간이 걸리고, 노력이 필요해요. 어느 정도 시간이 지난 뒤엔, 서로 사적인 정보, 비밀 등을 털어놓고 감정을 나누는 과정이 있으면 좋아요. 그러나 이건 어디까지나 서로 합의되고, 상호적이어야 한답니다. 자세한 과정은 165쪽에 설명했으니 참고 바랍니다.

A 학생은 이 변화과정에서 어려움을 겪은 경우지요. 친구관계에서 상대가 원치 않는데 나만 속마음을 털어놓으면, 상대는 '나도 그래야 한다'는 부담감을 느껴서 불편해질 수 있거든요. 또 나는 속마음을 털어놓았는데, 상대는 아니라면 상호적이라 할 수 없어요. 그럴 땐 상대는 나와 같은 친밀감을 느끼지 않는 것일지도 모르니 세심한 관심을 갖고 기다리는 시간이 필요하답니다. 이런 과정은 상대의 행동과 말을 받아들이는 입장에서도 마찬가지예요. 인격적인 친구관계로 깊어지는 것은 마치 정원을 가꾸는 것과도 같아요. 관심을 갖고 시간과 노력을 기울이는 것이 필요하답니다.

이런 지식을 알아도 A, B 학생과 같은 일을 겪으며 맘이 많이 상했다면, 마음이 쉽게 회복되지 않을 수 있어요. 지금 우리는 친밀감을 나눌 인격적 친구를 찾는 과정에 있답니다. **좋은 관계를 위해서는 끊임없이**

용서하고, 서로 이해하고 사랑하는 도전이 필요해요. 그것이 진정한 관계 맺기의 비결이거든요. 그러므로 나 자신의 잠재력을 믿고, 친구를 먼저 사랑하고 이해해보세요. 친구관계에서 사랑을 받고 우정을 쌓는 방법은 내가 먼저 사랑을 주고 이해하는 것이랍니다.

다음으로 심리학이 말하는 '성숙한 사람의 행복한 인간관계'를 소개할 테니, 친구관계를 발전시키고 행복한 관계를 맺는 데 지침이 되면 좋겠어요.(참고 도서: 《젊은이를 위한 인간관계의 심리학》 권석만 지음, 학지사)

성숙한 사람은 첫째, 자신을 괴롭히고 상대방을 해치는 파괴적인 생각이나 행동을 절제할 줄 안다고 해요. 드라마, 영화, 소설 등을 보면 연인 관계가 깨질 때 "너를 내가 가질 수 없다면, 남도 너를 가질 수 없어." 같은 대사가 나와요. 그런 사람은 파괴적인 생각과 행동을 하는 사람이지요. 그보다는 나 자신도 행복하고, 남에게도 도움이 되는 선택을 하는 사람이 성숙한 사람이랍니다.

둘째, 대인관계에 대해 현실적이고 유연한 신념(믿음)을 지닌다고 해요. '~해야 한다.'는 생각보다는 '~할 수도 있다.'라는 생각 같은 것이죠. 인간은 무한히 선하고 이타적인 면도 있지만, 동시에 무한히 악하고 이기적인 면도 있는 존재거든요. 그런 사실에 대해 깊이 깨닫고 있으면, 관계에서 크게 감정적으로 흔들리지 않을 수 있답니다.

셋째, 대인관계에서 상대방의 말을 경청하고 나의 의견을 적절히 표현할 수 있는 능력이 있다고 해요. 그런 능력이 있으면 서로 소통이 원활할 테니, 갈등이 생겨도 절충하거나 해결할 수 있겠지요.

넷째, 상대방의 의도나 감정을 섣불리 판단하지 않으면서 왜곡하거나 오해하지 않는다고 해요. 감정에 치우치지 않고 상황을 객관적으로 판단하는 힘이 있는 것이지요. 누군가 나의 의도를 오해하지 않고, 어떤 상황에서도 있는 그대로 받아들여준다고 생각해보세요. 그런 사람과 함께하면 편안하겠지요. 성숙한 사람이 된다는 건 스스로 그런 사람이 되는 것입니다.

마지막으로, 성숙한 사람은 내면의 평안을 유지할 수 있어 안정감 있는 사람이라고 해요. 관계가 좋은 사람은 내 마음이 소중해서 상대의 마음을 내게 맞추려 하지도 않고, 상대의 마음이 소중해서 나를 상대에게 맞추려 하지도 않는답니다. 서로의 마음이 통하는 균형점을 찾을 수 있는 사람이지요. 자신이 편안할 때 남도 편안하게 느끼거든요. 서로 행복한 균형점을 찾는 것. 그것이 성숙하고 행복한 관계 맺기의 핵심이랍니다.

PART 2

부글부글,
지금 이 감정이 너무 힘들어!

⋮

서운하고 짜증나는 감정 때문에
폭발할 것 같아

화를 참다 참다 죽을 것 같아요

저는 초6 남학생입니다. 학교만 가면 화가 나서 미칠 것 같습니다. 이젠 참다 참다 죽을 것 같아요. 우리 반에 제가 싫어하는 3명이 있는데, 한 녀석씩 매일 저를 빡치게 합니다. 어제는 OO이가 이동수업 때 자기 자리라며, 제가 먼저 와서 앉아 있는데도 제 무릎 위에 앉아버리지 뭐예요. 정말 빡쳐서 내가 먼저 앉았다고 했더니 비웃는 얼굴로 씨부렁거리며 가더라고요.

저는 그놈이 정말 싫어요. 오늘은 또 제 책을 함부로 가져다 보고 있더라고요. 제 짝꿍이 제 책 《why 시리즈》를 좋아해서 집에서 가져와 빌려주었는데, 짝꿍이 OO이에게도 빌려줬나 봐요. 저는 정말 다른 애는 다 빌려줘도 OO이는 빌려주고 싶지 않은데 말이에요. 저는 욕하는 것도 싫고 좀 평화롭게 지내고 싶은데, 애들이 정말 저를 빡치게 해요. 엄마는 차라리 화를 내라고 하는데, 욕하거나 화내는 건 나쁜 거잖아요. 화를 내봐야 선생님께 혼나기만 하고, 저만 나쁜 애 소리 듣고…… 이러다간 정말 제가 죽어버릴 것 같아요. 정말 학교 가기가 싫어요.

- 현준 -

화 자체는 건강한 감정입니다.
건강한 분노 표현이 필요합니다.

현준 님. 그렇게 화를 참고 있다니, 자신이 죽어버릴 것 같다는 말이
이해가 돼요. 많이 힘들지요?

화(火)라는 감정은 한자가 뜻하듯 불과 같은 감정이에요. 불을 상대방
에게 쏘면 상대방이 타죽고, 내가 갖고 있으면 자신이 타죽어요. 현준 님
은 그런 불과 같은 화를 계속 마음에 쌓아두고 있으니 죽어버릴 것 같은
생각이 드는 건 당연한 일이에요.

하지만 친구에게 무턱대고 화를 내면 현준 님 말대로 선생님께 혼날
수도 있고, 친구에게 해를 끼칠 수도 있으니 참고 고민하는 마음이 십분
이해가 되어요. 사실 현준 님 또래의 친구들은 분노 조절이 쉽지 않아 분
노로 인한 사고도 꽤 있는 편이랍니다. 그런데 이런 고민을 제게 털어놓
는 것을 보니, 현준 님이 현명한 방법을 찾기 위해 노력하는 사람이란 생
각이 들어 저도 반갑네요.

우선 결론부터 말씀드리자면 화(火) 자체는 건강한 감정이랍니다. 현
준 님이 화는 나쁜 거라고 했는데, 그렇지 않아요. 화라는 감정은 뭔가

잘못되었다는 신호로, 상대방이 내가 원치 않는 방법으로 나를 대하고 있다는 것을 알려줍니다. 건강한 방식으로 분노를 표현하면 현준 님이 존중받고 싶은 한계나 잘못된 상황을 바로잡는 역할을 해줘요. 화는 자연스러운 감정인데 무작정 참으면, 무례한 상대방으로 인해 내가 너무 힘들어지거나, 분노가 폭발해버리기도 한답니다. 따라서 현준 님은 자연스러운 분노를 적절히 표현하는 것을 배울 필요가 있어 보여요.

한 가지 더 살펴볼 부분이 있는데요. 욕하는 것이 싫다고 한 부분이에요. 욕을 자제하는 것은 바람직한 태도예요. 그러나 사람은 화가 나면, 화를 폭발시켜 후회할 일을 만드는 것이 문제지, 욕을 할 수도 있답니다. 옛말에 '없는 자리에선 나라님도 욕한다.'는 말이 있잖아요. 화를 풀기 위해 일기장에 욕을 쓰거나, 상담실에서 화를 푸는 과정에서 욕하거나 친구들 사이에서 친숙함을 표현하는 욕 등은 할 수도 있답니다.

만약 현준 님의 욕하지 않고 화내지 않는 태도가, 화를 느끼면서도 스스로 조절하고 해소하는 거라면 대단히 멋지다고 생각해요. 하지만 만약 화나 욕이 나쁘다는 생각 때문에 화를 억누르고 있는 것이라면 좀 살펴봐야 할 부분이에요. 이렇게 부정적인 마음을 억누르고 있는 상태를 심리학에서는 방어기제(심리학자 프로이드(Sigmund Freud)가 만든 개념. 사람들이 문제 상황에서 마음속에 생겨나는 고통들로부터 자신을 돌보기 위해 쓰는 심리적인 대처방법을 말한다.) 중 '억압'이라고 하거든요. 부정적인 마음을 꾹 누르고 있으면 화를 참는 데 너무 많은 에너지를 쓰기 때문에 평소의 삶이 너무 힘들어져요. 또 다른 사람이 화를 내거나 욕하는 것을 보면, 그것이 정당한 경우일지라도, 상대방을 많이 미워하게 되어 관계가 나빠질 수도 있어요. 다시 한 번 강조하지만, 화는 과한 것이 문제지 적절한 분노는 자기의 마음이나 생각을 주장할 수 있게 하고, 잘못된 상황을 바로잡는 건강한 감정이랍니다.

그럼 이제부터 현준 님에게 건강하게 분노를 표현하는 방법을 알려드릴게요.

첫째는 화가 날 때 심호흡을 하고 일단 차분한 태도를 가지려 노력해보세요. 폭발하는 화보다 자제하며 조용히 표현하는 화가 더 큰 힘이 있답니다.

둘째는 화를 내며 상대방을 비난하거나 공격하지 말고 "화났다."고 감정을 말해보세요. 주어를 '너'로 말하지 않고, '나'로 말하면 상대에게 내 감정이 더 잘 들린답니다. 예를 들면, ○○이에게 "너 진짜 재수 없다. 이 자리 내가 먼저 맡았거든." 이렇게 말하는 건 상대를 비난하는 거예요. 그 대신 "나 지금 화나거든. 좀 비켜 줄래? (화를 자제하며) 이 자리 내가 먼저 맡았거든."라고 말하면 훨씬 감정도 잘 전달되고 힘 있는 표현이 된답니다.

셋째는 사람 자체를 비난하지 말고 화나게 한 행동을 말해보세요.

예를 들면, "○○ 넌 짜증나는 인간이야." 이렇게 말하는 건 사람 자체를 비난하는 거랍니다. 그러면 듣는 ○○이도 더 화가 나서 크게 싸울 수도 있어요. 그 대신 "야. (네가) 내 자리 뺏을 때 (나) 짜증나거든." 이렇게 말하면 그 말을 듣는 ○○이의 입장에서 현준 님이 뭘 원하는지를 금방 알 수 있어요. 그러면 ○○이도 현준 님과 잘 지내기 위해서는, 어떻게 해야 할지 알기 쉽겠지요. 물론 ○○이가 현준 님과 잘 지내고픈 마음이 있다면요.

그런데 이건 제 느낌이지만 ○○이는 현준 님과 잘 지내고 싶어 하는 것 같아요. 왜냐면 관심이 없는 사람에겐 아예 다가가지 않거든요. 제 눈엔 ○○이가 현준 님과 잘 지내고 싶은데, 현준 님이 싫어하는 방법으로 다가와서 괴로운 것 같아요. 그러니 현준 님이 감정을 잘 말해주면 ○○이도 친하고 싶은 마음을 좋게 표현하는 데 도움이 될 것 같아요. 또 아나요? ○○이랑 서로의 마음을 알게 되어 앞으로 편하게 놀 수 있는 관계로 달라질지요.

마지막으로 이 모든 과정을 화가 났을 때 즉시 적절하게 표현해보세요. 앞에서 말했던 것처럼 분노는 쌓아두면 폭발하거나 내가 아플 수도 있답니다.

그런데 만약 화를 내도 상대방의 불쾌한 행동이 계속된다면, 그때는 폭력을 사용하지 말고 부모님과 선생님께 도움을 청해보세요. 분노가 폭발하여 폭력을 휘두르게 되면, 그것이야말로 나쁜 것이랍니다. 주먹질은 모든 해결방법이 불가능한 경우에 생명이 위협받을 때나 선택할 수 있는 최후의 행동입니다. 현준 님도 잘 알고 있는 듯하지만, 폭력을 쓰면 모두 피해자가 된답니다. 그러므로 화가 쌓여서 견디기 힘들어지기 전에 부모님이나 선생님께 도움을 청해보세요. 분명 도움을 줄 수 있을 것입니다.

사람들과의 관계에서 화가 나는 일도 있어요. 그런데 실은 알고 보면 상대가 일부러 나를 나쁘게 대하는 것이 아닐 때가 훨씬 많아요. 그래서 대인관계에서 현명하게 행동하기 위해서는 현준 님의 고민처럼 화를 적절히 낼 줄도 알아야 하지만, 화를 참을 줄도 알아야 해요. 더 나아가 화를 여러 방법으로 표현할 줄 알아야 한다는 걸 배우게 될 거예요. 여기서 제가 알려드린 방법은 하나의 예일 뿐이랍니다. 자세한 내용은 106쪽에 설명해두었으니 참고 바랍니다.

화는 어떨 땐 차분히 화났다고 말하는 것이 좋고, 어떨 땐 바로 화를 내는 것이 좋을 때도 있으며, 또 어떤 때는 소리를 질러 가며 표현하는 것이 좋을 때도 있어요. 이 모든 과정은 그때그때 상황마다 너무 달라서 매우 민첩하면서도 융통성 있는 대처가 필요해요. 그래서 분노 조절은 무척 배우기 어려운 부분이고, 어른이 된 뒤에도 배우기 쉽지 않아, 심지어 못 배우는 사람도 있답니다.

그러므로 현준 님은 어린 나이에 매우 현명한 고민을 하는 중이에요. 어렵지만 성숙한 방식을 배우려 노력하는 자신을 칭찬해주세요. 그리고 화를 여러 가지 상황에서 다르게 표현하는 시도를 해보세요. 부정적인 반응이 두려워서 시도조차 하지 않는다면, 현준 님은 성장의 기회를 잃어버리는 것이랍니다. 지금은 비록 힘들고 두려울 수 있지만, 경험이 쌓이고 지혜가 자라날수록 분명 화를 조절하는 방법을 배우게 될 거예요. 저는 꼭 그리 되리라 믿어요.

친구가 저를 이용하는 것 같아 미워요

저는 고2 여학생입니다. 제 대각선 뒤에 앉은 OO이라는 친구가 있는데, 그 애가 너무 미워요. OO이는 제 물건을 자기 것처럼 가져다 써요. 휴지며, 펜이며, 심지어 수행평가 숙제까지, 어쩔 땐 말도 없이 가져다 써요. 학기 초엔 빌리는 척이라도 하더니, 요즘엔 말도 없이 그냥 가져다 쓸 때도 있어요. 내가 무슨 지꺼 맡아두는 사람인가. 정말 짜증나요. 특히, 평소엔 나랑 말도 잘 안 하고, 다른 애들이랑만 놀면서 수행평가 숙제를 빌리거나, 심심할 때만 제게 와서 친한 척해요. 그럴 때면 꼭 그 애가 저를 이용하는 것 같아 밉지만, 전 말도 못하고 그냥 그 애가 원하는 대로 하게 돼요.

사실 그 앤 다른 애들이랑 많이 몰려다니거든요. 그 애는 분명 어딘가에서 제 욕도 많이 할 것 같아요. 그리고 지 맘에 안 들면 제게 확 화낼 것도 같기도 하고요. OO이는 저랑 같은 동아리라서 껄끄럽게 지내기 싫은데…… 아무리 이해하려 해도 OO이가 저를 이용하는 것 같아서 맘이 복잡해요. OO이랑 맨날 마주쳐야 하는데, 어떻게 해야 할지 모르겠어요.

- 영애 -

화난 마음을 참지 말고,
공격적이지 않게 친구에게 전해봅니다.

영애 님. ○○이 때문에 마음이 많이 복잡한가 봐요. ○○이를 어떻게 대해야 좋을지 정하지 못해 답답한 것 같군요. ○○이 때문에 기분이 나쁜데 표현이 안 되서도 힘들고요.

영애 님, 만약 제가 영애 님을 직접 만난다면 영애 님이 ○○이와 친하게 지내고 싶은 정도를 묻고 싶어요. 영애 님이 얼마나 친하게 지내고 싶은지에 따라 다른 대처를 할 수 있을 것 같거든요.

제가 보기엔 영애 님이 짜증내는 것이 당연해 보여요. 그럼에도 불구하고 같은 동아리라서 잘 지내고 싶고, 그래서 마음이 복잡한 것도 이해가 되고요. 하지만 사람은 쉽게 변하지 않는답니다. 지금처럼 ○○님이 영애 님을 이용하는 것 같은 마음이 계속 존재하는 한, 서로 친해지기는 쉽지 않을 것 같아요. 이런 마음의 상태를 심리학에서는 방어기제 중 '투사'라 한답니다. 영애 님이 받아들이기 어려울 수도 있지만 투사(projection)란 내 마음속 부정적 감정이 상대방에게 있다고 나도 모르게 생각하는 상태예요. 예를 들자면, 내가 선생님을 싫어할 때 '선생님이 날 싫어하는 것 같아.' 이렇게 생각하는 것이지요. 타인의 마음을 읽는 것은 불가능한 일이니, 선생님이 날 싫어하는지는 직접 듣지 않는 한 알 수 없잖아요. 투사란 친하고 싶은 상대가 나에게 사랑을 원하는 만큼 주지 않을 때 생기는 애증과 같은 상태랍니다. 따라서 이렇게 투사의 방어기제를 쓰고 있다면, 이것은 무의식이기 때문에 변화를 위해서 많은 시간과 노력이 필요해요.

청소년기에는 이렇게 미숙한 방어기제를 쓰는 게 자연스러운 것이랍니다. 영애 님은 지금 자라는 중이고, 이 방어기제는 성숙해질 수 있으니 크게 걱정하지 마세요. 그럼 지금부터 영애 님이 ○○님과 친하게 지내고 싶은 마음이 큰 경우와 작은 경우로 나누어 도움을 드릴게요.

첫 번째는 영애 님이 ○○이와 친하게 지내고 싶은 마음이 큰 경우예요.

만약 그렇다면 ○○이에게 짜증난 마음을 직접 전해보는 것이 중요해요. 물론 이 방법이 쉽지 않을 거예요. 만약 쉬웠다면 벌써 해보았겠지요. 하지만 둘의 관계를 풀기 위해서는 ○○이가 영애 님의 마음을 아는 과정이 꼭 필요하답니다. 그래야 ○○이도 자신의 행동을 돌아볼 테니 말이에요. 만약 용기를 내서 마음을 전하기로 했다면 이를 위한 사전 준비가 필요해요. 영애 님은 ○○이가 짜증나고 밉다고 했지요? 그럼 그 마음을 차분히 들여다보세요. 혹시 ○○이를 향한 화가 느껴지나요? 그렇다면 마음을 전하기가 좀 더 쉬울 수 있어요. 만약 느껴지지 않는다면 화가 날 수도 있는 상황이란 걸 염두에 두었으면 해요.

만약 화가 느껴진다면 ○○이에게 화풀이를 하지 않고 화난 감정을 말하는 것이 중요해요. 예를 들면 "○○아. 나는 네가 내 허락 없이 내 물건을 쓸 때, 내 마음을 신경 쓰지 않는 것 같아서, 화났어." 이런 식으로 말입니다. 만약 "야, 너 어떻게 그럴 수 있니?"라며 대뜸 비난하면서 화풀이를 해버리면, ○○이의 마음도 상해서 영애 님의 마음이 잘 전해지지 않을 수도 있답니다. 그러니 자신의 화난 마음을 알아차리고, 공격적이지 않게 ○○이에게 전하는 것이 매우 중요해요. 만약 화가 느껴지지 않는다면, 말하는 도중에 화가 날 수도 있으니, 이를 염두에 두고 말하는 것이 좋답니다.

이 모든 것이 쉽지 않다면 편지를 써보는 것도 좋아요. 어쩌면 편지를 쓰는 동안에 마음이 정리되어, 복잡한 마음을 편하게 전할 수 있을 테니 말이에요.

영애 님의 마음을 전하고 나면, ○○이가 어찌 받아들일지 모르니 둘 사이가 어찌될지 알 수 없어요. 그러나 사람들은 서로 통하길 바라고, 그 밑바탕은 모두 사랑이기 때문에 서로 화해할 수 있을 거예요. 하지만 ○○이가 영애 님이 원하는 반응을 보이지 않더라도 너무 상심하지 않았으면 해요. 오히려 말하고 나면 속마음을 털어놓아서 후련할 거예요. ○○이에 대한 복잡한 마음이 어느 정도 정리되니, 더 편하게 느껴질 수 있고요. 그러면 관계가 좋은 쪽으로 변화할 가능성이 커지지요.

그러나 최악의 경우, ○○이가 영애 님의 마음을 이해하지 못하고 멀어지길 원하면, 영애 님도 그 순간이 좀 힘들더라도 멀어져 보세요. 모든 사람과 친하게 지낼 수는 없는 거예요. 나와 잘 맞는 사람이 있듯이, 나와 잘 맞지 않는 사람도 있답니다.

두 번째는 ○○이와 친하게 지내고 싶은 마음이 크지 않은 경우예요.

제가 앞에서 영애 님은 '투사'의 방어기제를 쓰고 있다고 말했어요. 심리학자들은 이런 방어기제가 어린 시절 가족이나 친구 등 가까운 사람에게 충분히 존중받지 못하거나 심하게 혼난 경험이 있으면 나타나기 쉽다고 해요. 영애 님에게 이런 상처가 있는지는 알 수가 없어요. 하지만 내 마음속 상처가 있을 수 있고, 그래서 '내가 힘든 부분이 있구나.'라고 생각하면 나를 이해하는 데 도움이 될 거예요. 이런 심리적 어려움을 돌보기 위해서는 무조건적으로 받아들여지는 관계도 맺어보고, 화를 표현해보는 경험도 필요해요. 상담의 도움을 받아보는 것도 좋아요. 상처가 치유되기 전에는 내 마음을 전하기가 쉽지 않고, 용기를 내어 화해했다 해도 생각처럼 편안한 관계가 아닐 수 있답니다.

그러므로 만약 ○○이와 친하게 지내고 싶은 마음이 그리 크지 않다면, ○○이와 거리를 가져보는 것도 좋아요. 심리학자들 중엔 사람들 간의 적절한 거리가 사람마다 다르다고도 해요. 시간을 두고 천천히 거리를 가져보세요. 다만 ○○이와 거리를 두는 것이 ○○이를 무시하는 행동이 되지 않도록 주의하면서요. 무시하면 오히려 ○○이와 관계가 아주 나빠져서 영애 님이 더 힘들어질 수도 있답니다.

거리를 둔다는 건 맺고 끊기를 분명히 한다는 뜻이에요. 예를 들면, 물건은 빌려줄 수 있지만 어울려 다니지는 않거나, 모두 아는 이야기는 할 수 있지만 개인적인 이야기를 하지 않는 것처럼 말이에요. 그런 후엔, 영애 님이 정말 친하게 지내고 싶고 믿음이 가는 친구와 가까워지도록 노력했으면 해요. ○○이처럼 불편한 친구도 있지만, 친하게 지내고 싶은 친구도 분명히 있을 거예요. 오히려 이 기회를 통해 나와 잘 맞는 친구와 더 친해질 수도 있답니다. 그렇게 된다면 ○○이는 영애 님에게 마음속 상처를 치유할 기회를 주고, 잘 맞는 친구를 찾게 해준 계기가 되는 것이니, 은인이 되는 셈이랍니다.

친구의 사소한 행동이 다 민감하게 느껴져서,
왕따 당할까 봐 카톡에 집착해요

저는 중2 여학생입니다. 톡 메신저 때문에 미치겠어요. 우리 반 애들끼리 하는 단체 톡방이 있는데, 며칠째 친한 친구가 제 메시지에 답을 안 해서 미치겠어요. 제가 요즘 힘든 일이 있어서 좀 털어놓았거든요. 다른 친한 애들은 다 제 말에 답을 달았는데, 그 애만 계속 답이 없어요. 전에 힘든 일이 있다고 하기 했지만, 방학이라 얼굴도 못 보는데 괜히 불길한 생각이 들고. 그 애가 혹시 나한테 삐친 게 있는 건지 아님 화난 게 있는 건지, 아님 나를 싫어하는 건 아닌지 불안해요. 혹시 그 애가 나한테 화가 나서 다른 애들에게 내 욕을 하고, 그럼 혹시라도 애들이 모두 내 욕을 할까 봐 무서워요. 아닐 거라고 생각하려 해도, 또 왕따 당할까 봐 너무 무서워서 톡 메시지에 집착하게 돼요. 계속 폰만 쳐다보느라 아무것도 할 수가 없는 내가 한심하지만 멈출 수가 없어요.

그런데 실은 평소에도 그래요. 그 애의 사소한 행동이 다 민감하게 느껴져서 그 애가 조금만 늦게 답하거나, 표정이 좋지 않거나, 내 말을 씹으면 삐친 건 아닌지 나한테 화난 건 아닌지, 그래서 내 욕을 하진 않을지 너무 걱정되고 무서워서 집착하게 돼요. 걱정돼서 미칠 것 같아요. 도와주세요.

- 하경 -

도움
한마디

마음속에 더 사랑받고 싶어
아쉬워하는 부분이 있음을 알아차려 보세요.

하경 님. 두렵고 불안해서 많이 힘들죠? 친한 친구가 하는 행동이 그렇게 신경 쓰이고 왕따 걱정까지 한다니 미칠 것 같다는 말이 이해가 돼요. 글에서 왕따를 이미 경험한 적이 있다고 했는데, 얼마나 많이 아팠나요? 얼마나 많이 괴로웠나요? 사회적으로 소외된 경험은 죽음과도 같이 고통스러워요. 많이 외로웠지요? 그런데도 그 시간을 버텨내다니 제 눈엔 그 시간을 버텨낸 하경 님이 참으로 대견해요.

하지만, 하경 님의 글을 보니 고통스럽던 일은 넘겼어도 그 기억이 아직도 상처로 남아 하경 님을 아프게 하는 것 같아요. 만약 그 일이 잘 마무리되고 상처가 아물었다면 하경 님이 친구관계에서 힘들긴 해도 이 정도로 두렵거나 무섭지는 않을 거예요. 하경 님이 무서울 정도로 불안하고 걱정스러운 건 아직 그 상처가 치유되지 않았기 때문이에요.

따라서 하경 님이 친구관계에서 편안해지려면 왕따의 상처를 치유하는 것이 우선입니다. 왕따의 상처를 치유하려면 과거의 충격적인 일에 관한 부정적 감정을 해소해야 해요. 이 내용은 아영이의 사례(14쪽)에서 설명한 부분과 흡사하니 참고하길 바랍니다.

　이렇게 과거 상처가 조금씩 아물면 그 후엔 하경 님의 또 다른 상처를 돌보아주세요. 친한 친구의 사소한 행동이 다 민감하게 느껴져서 그 친구가 조금만 친밀하게 대해주지 않으면, 걱정되고 두려워서 집착하게 된다고요. 상대방이 멀어지는 것 같으면 더 집착하고, 마음속으론 걱정되지만 친구에게 그런 마음을 표현하기는 어렵고, 그래서 이런저런 생각만 많아지고 마음이 힘들어 미칠 것 같지요?

　심리학자들은 그런 이유를 아주 어린 시절에 있다고 가정해요. 엄마가 어린아이를 키울 때, 엄마에게 상처가 많거나 또는 어떤 사정 때문에 아이를 따뜻하게 대해주지 못했거나, 충분히 함께 있으며 돌보아주지 못할 수 있어요. 그러면 아이는 자신이 사랑받을 만한 가치가 있고 소중한 존재라는 느낌이 부족해질 수 있다고 해요. 엄마는 아이를 키울 때 아이를 보살피는 것 외에도 충분히 마음을 헤아려 주고 반응해주는 것도 중요하거든요. 그런데 이런 부분들이 일부 부족했을 수 있다는 거예요. 그것이 결핍된 상태로 자라면 무의식에 결핍이 남아 있게 되지요. 그런 것을 심리학자들은 '정서적 박탈감의 도식'이라고 해요.

　하경 님. 이 내용이 하경 님의 마음과 관계 있을지는 더 살펴봐야 합니다. 만약 뭔가 불편하게 느껴진다면 유용한 심리학 지식으로만 알아두어도 좋아요. 다만 하경 님 마음속에 채워지지 않는, 부족함이 있다는 걸 알고 그걸 느낄 수만 있어도 도움이 됩니다. 그렇다면 하경 님의 마음속 채워지지 않는 부분을 어떻게 도울 수 있을까요?

　첫째는 마음속 결핍된 부분의 상처가 있음을 인정하고, 아픔을 충분히 느껴보세요. 실제 심리치료를 진행해보면, 이 부분이 가장 어렵고 시간이 오래 걸리니, 쉽게 포기하지 않길 바랍니다. 할 수 있을 때마다 하경 님의 마음속에 있는 불안하고, 걱정스럽고, 화나는 부분들을 자꾸 표현해보세요. 그러다 보면 어느 순간 나도 몰랐던 분노나 슬픔이 느껴지거나, 그런 감정들이 터져 나오는 순간들이 있을 거예요. 그것은 안에서 곪았던 고름이 밖으로 흘러나오는 것과 같아요. 그러므로 그런 감정들이 느껴지면 고스란히 느끼고 표현해보세요.

둘째는 친구관계에서 느끼는 감정 중 근거 없는 감정이나, 관계를 나쁘게 하는 감정을 찾아보세요. 예를 들면, 하경 님의 '전에 힘든 일이 있다고 하긴 했지만 괜히 불길한 생각이 들고'란 말을 보면 친구를 향한 불안감을 찾을 수 있어요. 친한 친구는 자신이 힘든 상황에서도 하경 님을 위해 '힘든 일이 있다'고 말하는 배려심을 보였어요. 제게는 그 말에 '나 힘든 일이 있으니 날 좀 이해해주고 내가 혹시 전과 다른 행동이나 말을 하더라도 이해해줘.'라는 속뜻이 있는 것으로 들리는데요. 과거에 그 친구와 어떤 일이 있었는지는 몰라도, 현재의 상황만 보면 하경 님은 친구의 배려에 대한 고마움보다 불안감을 먼저 느끼는 것 같아요. 그 이유는 방금 이야기해준 것처럼 마음속 상처 때문이랍니다. 그런 불안감 때문에 친구와의 친밀감을 확인하고 싶어서 집착하게 되는 거예요. 만약 고마움을 먼저 느꼈다면 지금 마음 상태나 행동도 아마 다를 거예요. 그래서 친구와 편안한 관계를 위해서는 내 마음속 불안감을 다스리는 것이 먼저랍니다.

셋째, 관계를 나쁘게 하는 감정들을 변화시키는 연습을 해보세요.

평소에도 불안감이 들면 몸을 편안하게 하고 심호흡을 하면서 스스로에게 "괜찮아. 불길한 생각은 생각일 뿐 사실이 아니야."라고 반복적으로 말해주세요. 불안은 힘들어도 견뎌내보는 경험이 중요하답니다. 그리고 할 수만 있다면, 되도록 나를 불안하게 하지 않는 친구들과 어울리면 더 도움이 된답니다.

하경 님. 지금 제가 하경 님에게 알려드린 방법은 저와 같은 상담가와 함께해도 상당히 오랜 시간을 기울여야 하는 과정이에요. 그러니 시도해보았는데 잘되지 않는다고 낙담하지 않고, 계속 노력해보길 바라요.

지금 상처로 인해 힘들지만 친구의 반응에 그렇게 세심할 수 있다니 하경 님은 순수한 마음과 따뜻한 감수성을 가진 사람인 것 같아요. 또 친구와 잘 지내고 싶은 열정도 큰 것 같고요. 지금은 다만 그 마음이 지나쳐서 힘든 상태일 뿐이에요. 상처가 회복된다면 하경 님은 누구보다 다른 사람의 마음을 잘 헤아리고 순수한 열정으로 다른 사람에게 이로움을 주는 사람이 될 것 같아요. 그러니 포기하지 말고 자신의 상처를 돌보고 사랑해주세요. 치유는 지속적으로 관심을 갖고 함께하는 과정이랍니다.

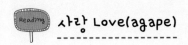

Love(agape) suffers long, and is kind; Love(agape) envies not;
사랑은 오래 참고, 친절하고, 사랑은 시기하지 않고,

Love(agape) vaunts not itself, is not puffed up,
자랑하지 않고, 우쭐거리지 않고

Does not behave itself unseemly, seeks not her own,
부당하게 행동하지 않고, 자신의 이익을 구하지 않고,

is not easily provoked, thinks no evil
쉽게 성내지 않고, 악한 것을 생각하지 않습니다.

Rejoices not in iniquity, but rejoices in the truth;
사악한 것을 기뻐하지 않고, 진리를 기뻐합니다.

Bears all things, believes all things, hopes all things,
endures all things.
모든 것을 참으며, 모든 것을 믿으며, 모든 것을 바라며, 모든 것을 견딥니다.

And now abides faith, hope, love(agape), these three;
그러므로 믿음, 소망, 사랑, 이 세 가지는 항상 있을 것인데,

but the greatest of these is Love(agape).
그중의 가장 으뜸인 것은 사랑입니다.

출처: 고린도 전서 13장 중 일부(4-8절, 13절)

사랑은 상처받은 마음에 대한 가장 강력한 치료제랍니다. 그러나 사랑의 구체적 방법은 잘 모르는 경우
가 많아요. 그 방법이 잘 소개된 글입니다. 이 방식대로 나를 대접해주세요. 나의 상처나 실수를 감싸주
고 이해해주고 오래 기다려주고, 나의 잠재력을 믿어주는 거예요. 동시에 타인을 향해서도 같은 방식으
로 대해주세요. 우리는 모두 사랑이 필요한 존재랍니다.

선생님이 싫어서 학교 가기가 싫어요

저는 중2 여학생입니다. 저는 나름 공부도 잘하고 학교생활도 잘하고 있다고 생각하는데, 체육시간 때문에 너무 괴롭습니다. 실은 애들도 다 체육선생님을 싫어하고, 제가 아는 옆 반 ○○이는 선생님께 대들어서 혼난 적도 있습니다. 체육선생님은 평소에 잘 가르쳐주지도 않으면서 운동장만 계속 돌게 하고, 말로 사람을 기분 나쁘게 하십니다. 저도 참을 만큼 참았는데, 어제는 제게 정말 심하게 하셨습니다. 제 친구가 생리 중이라 배가 아팠거든요. 그래서 못 뛴다고 말씀드렸는데도 선생님이 억지로 뛰게 해서 친구가 아프다고 다시 한 번 말씀을 드렸어요. 그랬더니 "너 그렇게 살면 안 된다."는 둥 "전부터 쭉 봐왔는데 애들이랑 다 어울려야지. 친한 애만 편들면 되냐?"는 둥 너무 어이없는 말씀을 하셔서 저도 모르게 울어버렸습니다. 그 순간에도 정신을 차리고 "선생님, 말씀 중에 죄송한데요. 제가 지금 너무 아파서 서 있기가 힘들어서요. 보건실에 가고 싶은데 괜찮을까요?"라고 말씀드렸습니다. 전 너무 창피하고 어지럽고 토할 것 같았거든요. 하지만 선생님은 들은 척도 안 하시고 수업이 끝날 때까지 저를 애들 앞에 혼자 세워두고 혼내셨어요. 결국 체육시간이 끝나고 너무 아파서 조퇴했어요. 앞으로 체육대회가 있어서 체육선생님을 자주 봐야 하는데 선생님 때문에 학교 가기가 싫어요. 어떻게 해야 할까요? 좀 도와주세요.

– 민서 –

선생님은 선생님다워야 한다는 생각이
분노를 키웁니다.

민서 님. 화가 많이 났군요. 선생님께 아프다고 말씀드렸는데도 그렇게 혼내셨다니 화나는 것만큼 답답하기도 했겠어요. 선생님 때문에 학교 가기 싫다는 맘을 알 것 같아요. 본래 청소년기는 독립하고 싶은 마음이 생기는 때라서 부모님에게 반항심이 생기듯, 선생님에게도 일정 부분 반항심이 생겨요. 이것은 어느 정도 자연스러운 일이에요.

하지만 민서 님의 선생님을 향한 분노는 청소년기의 자연스러운 반항심으로 보기에는 정도가 심해 보입니다. 몸이 아파 조퇴까지 할 정도니까요. 혹시 혼나는 상황에 대한 마음의 상처가 있는 건 아닌지요. 대체로 선생님께 혼나도 기분이 좀 나쁘거나 친구들과 뒷담화 하는 걸로 기분이 풀리거든요. 아파서 조퇴까지 해야 하는 걸 보면 민서 님이 글에서 표현되지 않은 마음의 상처가 있을지 모른다는 생각이 들어요. 그 상처는 민서 님이 알 수도 있고, 모를 수도 있어요. 마음속 상처는 치유되지 않으면 남아서 건드려질 때마다 과잉반응을 하거든요. 멍든 곳은 스치기만 해도 아픈 것처럼 말이에요. 선생님과의 관계에서 그 상처가 건드려져서 화가 나고, 울어버린 건 아닌지 살펴보면 좋을 것 같아요. 화는 때론 울음으로 표현되기도 하거든요. 많이 아프고 화나고 슬펐겠어요.

그런 상황에서도 친구를 돕고 차분히 자신의 상황을 말씀드리다니, 그런 침착함과 배려심은 어디서 온 건가요? 아마도 민서 님은 자신이 받고 싶은 배려를 남에게 베풀 줄 아는 아름다운 면이 있는 것 같아요. 언젠가 민서 님의 그런 면들이 성숙해져서 인생에 단비가 되리라 믿어요. 지금은 아직 어리고 자라는 과정이라 아름다운 면과 힘들어하는 면이 함께 있는 것 같아요. 그로 인해 몸도 아픈 것 같고요. 그러니 우선은 병원에 가서 아픈 몸을 치료해보면 좋을 것 같아요. 그 후 마음의 상처를 돌봐주세요. 제가 보기에는 두 부분이 눈에 띄는데요. 하나는 선생님을 향한 과한 분노감이에요. 선생님에 대한 부정적 감정은 이해가 돼요. 하지만 다른 친구들은 대체로 참아내는데, 민서 님은 더 견디기 힘들어하는 걸 보면 그간 쌓인 분노가 있는 듯해요. 생각나는 바가 있다면 부정적 감정을 해소하려고 노력해보세요. 방법은 18쪽을 참고하시고요.

또 하나는 마음이 힘들 때 몸이 아픈 부분이에요. 혹시 친구관계에서 외로움을 느끼는 편인가요? 친구관계에서 외로움을 덜 느끼는 친구들은 힘든 일이 있으면 친구와 나누며 털어내곤 하거든요. 혹시라도 내가 친구관계에서 외로움을 느끼고, 힘들고 외로울 때 아픈 편이라면 그 역시 마음의 상처로 인한 무의식적 반응이랍니다. 그런 것을 심리학에서는 방어기제 중 '신체화(somatization)'라고 해요. 마음이 아파 몸도 아픈 상태이지요. 만약 민서 님에게 이런 면이 있다면, 병원에 가 치료를 받은 후, 평소 건강관리에 힘써보세요. 음식조절이나 규칙적인 운동 등 말이에요.

그리고 친구와 재미있게 노는 데 시간을 보내보세요. 공부를 잘하려면 공부에 시간을 투자해야 하듯, 재미있게 놀려면 노는 데도 시간을 투자해야 해요. 따로 시간을 할애해 친구와 노는 시간을 가져보세요. 외로움을 느끼는 이들은 사람들과 재미있게 보내는 시간이 약이 된답니다. 잘 놀면 심리적 에너지가 충전되어, 공부 능률도 오를 거예요.

그럼 이제 선생님과의 관계에서 도움이 될 만한 조언을 드릴게요.

첫째는 현재 상황이 등교하기 어려울 정도로 괴롭다면 부모님께 도움을 요청해보세요. 민서 님이 선생님께 직접 말씀드리기엔 어려운 부분이 있어요. 지금 민서 님은 마음이 상한 상태라 자칫 선생님 입장에서 반항심으로 오해할 수도 있을 것 같아요. 부모님께서 선생님께 민서 님의 아픈 몸과 심정을 정중히 전해드리면, 선생님께서도 이해하고 배려해주실 거예요. 지금은 심정이 상한 상태라 체육선생님이 배려해준다는 생각이 들지 않을 수도 있어요. 하지만 선생님들이 학생들을 사랑하는 마음은 거의 다 비슷하답니다. 민서 님의 상한 심정이 잘 전달되어, 선생님이 민서 님을 배려해주신다면 지금 당장은 불편할지 몰라도 오히려 선생님과 더 좋은 관계가 될 수도 있답니다.

둘째는 비합리적 사고를 변화시켜 보세요. 비합리적 사고란 인지적 오류가 있는 비현실적이거나 비논리적인 생각을 말해요. 즉 상황을 있는 그대로 보지 않고, 비약이 있거나 알맞지 않게 생각하는 걸 말해요.

민서 님의 경우는 '선생님은 선생님다워야 한다.'는 생각이 있는 것 같아요. 체육선생님은 평소에 잘 가르쳐주지도 않으면서 운동장만 계속 돌게 하고, 말로 사람을 기분 나쁘게 한다고 했지요. 그 말은 선생님다운 선생님은 공부도 잘 가르쳐주고, 운동 모범도 보이고, 기분 나쁘게 하는 말도 하지 않아야 한다는 민서 님의 평소 생각을 반영해요.

그런데 대인관계에서 '~해야 한다.'라는 생각은 비합리적 사고에 속합니다. '~해야 한다.'란 생각은 상대방에게 내 기준의 완벽을 요구하기 때문에 관계를 힘들게 합니다. '~해야 한다'가 아니라, '~할 수도 있다', '~하면 좋다'가 '합리적인 사고'랍니다. 이것을 민서 님에게 적용해보면, 선생님은 신처럼 완벽한 존재가 아니기에 실수할 수도 있고 기분 나쁘게 하는 말을 할 때도 있어요. 선생님이 완벽하게 성숙한 모습으로 대해주길 바라는 건 이해되지만, 선생님도 사람이니 그렇지 못할 수도 있답니다. '선생님도 실수할 수 있다'고 생각을 바꾸어 보세요. 화가 줄어들 거예요.

셋째는 선생님의 상처 주는 말씀을 마음에 담지 마세요. 선생님이 민서 님을 그렇게 보신 것이지 민서 님에게 정말 문제가 있는 게 아니에요. 예를 들어, 난 노란색 옷을 입었는데, 빨간색 선글라스를 낀 사람이 내 옷을 보고 주황색이라고 말하는 상황을 가정해봐요. 노란색 옷을 빨간색 선글라스를 끼고 보면 주황색으로 보이니, 상대방은 주황색이라 할 수 있어요. 하지만 상대방이 아무리 주황색이라 주장해도 내 옷이 노란색인 것은 변치 않는 진실입니다. 쉽진 않겠지만, 선생님이 상처 주는 말씀을 해도 '선생님 눈엔 그렇게 보이나 보다.' 하고 넘어가 보세요. 선생님이 어떤 말씀을 하셔도 민지 님이 배려심 있고, 바르고, 신의 있고, 성실하려 노력하는 사람이란 건 변치 않는 진실이랍니다.

그래도 선생님 말씀이 마음에 남으면, 자신에게 그런 면이 있는지 살피고 도움 되도록 해석해보세요. '충언은 역어이(忠言逆於耳)'란 말이 있어요. 기분 나쁜 말이 때로는 내게 도움이 될 수 있단 뜻이죠. 잘 생각해보고, 마음에 와닿는 부분은 잘 받아들이면 내면의 성장에 도움이 돼요.

넷째는 분노조절을 위해 스트레스 해소법을 찾아보세요. 전문가들의 추천 방법엔 걷기, 수영, 요가, 명상, 악기연주, 그림 그리기, 글쓰기 등이 있어요. 그런데 여기서 꼭 기억할 부분은 이 방법들은 익숙해지기까지 시간과 연습이 필요하다는 거예요. 그런 과정이 지난 후에야 비로소 효력을 발휘합니다. 저는 주로 수영을 하는데, 운동신경이 떨어져 남보다 배우는 데 시간이 두 배 이상 걸렸어요. 같이 배우던 사람들이 상급반으로 올라갈 때까지 계속 초급반에 있었지요. 하지만 지금은 걷는 것만큼 편안히 수영할 수 있고, 스트레스가 심할 때 수영을 하면 편안해집니다.

마지막으로는 선생님을 용서하세요. 지금은 심정이 상한 상태라 아마도 어려울 거예요. 하지만 마음속 분노가 가라앉고 시간이 흐르고 나면 용서하도록 노력해보세요. 누군가에게 화가 나는 감정은 어쩔 수 없지만, 그 상태가 계속되면 가장 힘든 건 바로 자신이거든요. 화가 지속되면 나중에 권위를 가진 사람과의 관계에서 또 불편함을 느낄 수 있어요. 할 수만 있다면 화를 풀어내고 선생님을 용서해 드리세요.

'이 또한 지나가리라.'란 명언이 있어요. 당분간은 체육시간이 힘들지도 모르지요. 하지만 제 조언들을 실천해보며 견디면 상황이 변할 거예요. 그러다 보면 언젠가 선생님의 말들이 일부러 민지 님을 기분 나쁘게 하려는 말이 아님을 알게 될 거예요. 그때가 되면 선생님 덕에 마음의 키가 더 자라게 되는 것이니, 선생님의 말씀은 마음의 거름이 되는 셈이랍니다.

관계 맺기를 위한
심리학 교실

2

멋대로 튀어나오는 감정,

어떻게 조절하면 좋을까요?

적당한 화는
자연스럽고 건강한 감정이다

•
•
•

관계 맺기에 대한 가장 큰 고민 중의 하나는 화난 감정을 어떻게 할까 하는 것이에요. 억눌린 화는 우리 삶에 여러 가지로 문제를 일으키곤 하거든요. 어떤 사람은 화로 인해 상대에게 폭력을 휘두르기도 하고, 우울증을 앓거나 자살을 생각하기도 하며, 물건을 파손해 경제적 어려움을 겪어요. 또, 이처럼 심각하게 겉으로 드러나지는 않아도 화를 삭이느라 에너지를 잃기도 하고, 화를 참느라 폭식, 폭음, 흡연을 해 건강을 해치기도 하고요. 흔히 알기는 어렵지만, 무의식적으로 은밀히 보복해서 관계가 불편해지기도 하지요.

그래서 우리는 '화(火)'란 감정을 나쁜 것이라 생각하고 참으려고 노력해요. 하지만 참아서 도움이 되는 경우도 있지만, 때론 참을 수 없어 문제가 되는 경우도 많아요. 그러면 과연 화가 그렇게 나쁘기만 한 것일까요?

심리학에서는 '그렇지만은 않다.'고 이야기해요. 화는 다루는 방법에 따라 좋게도 쓰이고, 나쁘게도 쓰여요. 화 자체는 긍정적이지도 부정적이지도 않아요. 기쁨이나 슬픔, 행복이나 불행처럼 삶에 필요한 감정의 하나일 뿐이랍니다. 오히려 적당한 화는 자연스럽고 건강한 감정이에요. 문제는 억눌린 화가 사나워져서 병적으로 나타나는 경우랍니다.

우리나라 사람들은 '화'가 나기 쉬운 문화 속에 살고, 그로 인해 화 문제를 더 많이 겪어요. 앞의 54쪽에서 설명한 것처럼, 서양은 개인적, 성취 지향적 문화이고 우리는 개인의 감정보다 관계를 중시하는 집단적, 관계 지향적인 문화거든요. 서양 사람들은 혼자 있는 것에 익숙한 문화라서 그로 인한 불안, 우울 등의 감정이 많아요. 반면 우리는 함께 있는 것에 익숙한 문화이기에 사람들 사이에서 생기는 '화'의 감정이 많다는 거예요. '화병(hwa-byung)'이란 병명이 우리말로 이름 붙여진 것만 봐도 충분히 이해가 되지요.

그럼 우리에게 익숙한 화, 하지만 때론 문제를 일으키는 화를 어떻게 하면 잘 알고, 긍정적으로 활용할 수 있을까요? 다음 두 학생의 예를 살펴보고 그 방법을 함께 생각해보아요.

상황 A 학생은 B 학생이 학용품을 말없이 가져가서 자기 것처럼 쓰는 것에 대해 화가 나 있다.

A 학생의 대처방법 1 말을 못하고 속으로 끙끙 앓고 있다. B의 행동은 반복되고 더 심해진다. A는 참다 폭발해 B와 싸우고 절교한다.

A 학생의 대처방법 2 차분히 생각해보고 다음엔 마음을 말해야겠다고 결정한다. 그리고 다음에 화나는 걸 느낄 때 B에게 "야. 네 꺼 써. 빌리려면 말을 하던가."라며 공격적이지는 않지만 적당한 정도로 화를

표현한다. B는 기분이 나빠 잠시 거리감을 갖지만 곧 미안함을 느낀다. 다음에 A의 물건을 빌릴 때 말하고 빌린다.

화란 감정은 개인의 가치를 떨어뜨리는 공격 행동에 대한 반응적 감정이에요. 뭔가 잘못된 점이 느껴진다는 일종의 신호 같은 것이죠. 앞의 1번과 2번을 살펴보면 이 신호에 어떻게 대처했느냐에 따라 그 결과가 차이 나는 것을 볼 수 있어요.

2번을 살펴보면, 화를 적절히 표현해 자신의 권리를 보호한 것을 볼 수 있어요. 화를 적절히 사용해 문제를 해결한 경우이지요. 우리는 흔히 화를 나쁜 감정이라고 생각해서 무조건 참아요. 그러다 상대방의 잘못된 행동에 대해 나를 보호하지 못하거나 이용당하기도 해요. 앞의 예에서 A 학생이 계속 화를 표현하지 못한다면 그렇게 될 수도 있을 거예요. 그래서 '화'라는 감정은 적절히 표현되면 순기능을 합니다. 건강한 '화'는 나를 보호하거나, 남에게 이용당하지 않게 해준답니다. 또 대처방법 2처럼 대인관계에서 갈등을 해결하고 서로 더 이해하게 되는 도구가 되기도 해요. 이처럼 화를 적극적으로 표현해 자기를 존중해주긴 바라는 마음을 제대로 전달할 수 있으면, 관계가 좋아지는 경우도 많아요. 그러면 자존감이 높아지고 화를 억누를 힘으로 다른 일을 할 수 있어 더 활력이 생기고요. 물론 여기서 화를 적극적으로 표현한다는 건 화로 남을 공격하는 것과는 전혀 다른 것이므로 주의가 필요해요. 그 부분에 대한 자세한 내용은 다음 장에서 소개할게요.

이 모든 것들이 화의 건강한 모습이랍니다. 따라서 '화를 참으라'는 조언은 옳기도 하고, 옳지 않기도 해요. '참을 인이 세 번이면 살인도 면한다'는 말이 있어요. 이처럼 화를 참는 건 관계 중심인 우리 문화에서는 큰 미덕 중 하나에요. 성숙한 인격으로 가는 방법 중 하나이기도 하답니다. 하지만 화를 참아 창조적인 힘으로 변화시키는 건 인격적으로 매우 성숙해져야지 가능해요. 그러니 노력하는 건 좋지만, 동시에 '화'의 기능을 알고 자신에게 맞는 조절법을 익히는 것이 필요합니다.

그럼 이제 1번의 대처방법을 살펴볼게요. 화가 폭발해 싸우고 절교하게 되다니, 화로 인한 역기능의 대표적인 예라 할 수 있을 거예요. 화(火)는 한자에서 보듯, 불과 같은 감정이에요. 이 감정은 일단 생기면 쉽사리 없어지지 않지요. 물론 없앨 수도 있고, 참아서 창조적인 힘으로 변환시키기도 하지만 그 경우는 흔치 않아서 뒤에 따로 설명하고요. 여기서는 일반적인 경우를 먼저 설명할게요. 1번 경우처럼 화를 억누르면 화가 쌓이고 사나워져 힘이 세어진답니다. 그런 상태의 센 불을 나에게 쏘면 내가 다쳐 우울증, 화병 같은 병이 되어요. 반대로 상대에게 쏘면 폭력이 되어 상대방이 다치거나 관계가 깨지지요.

따라서 화는 무조건 억누르려 하기보다는, 알아차려서 이해하고 감싸 안을 필요가 있답니다. '화를 감싸 안는다'는 건 그것을 건강한 신호로 받아들이고, 찬찬히 원인을 찾아 문제해결을 위한 에너지로 사용하는 것을 말해요. 강조하지만, 적절한 화는 건강한 감정이랍니다. 화를 낸다고 모두 나쁜 사람이 되는 것이 아니고, 화를 꾹 누르는 것만이 좋은 해결책도 아니랍니다. 누구나 화가 날 수 있고, 화를 낼 수도 있어요. 다만 화라는 감정을 적절히 조절하여, 긍정적인 결과가 오도록 활용하는 지혜가 필요한 것이랍니다.

　마지막으로, '화'를 조절하는 방법에는 여러 가지가 있어요. 모든 사람이 각기 다른 개성을 지닌 것처럼, 화의 조절법도 각각 다르고, 상황마다 다를 수 있답니다. 하지만 '천리 길도 한 걸음부터'라는 말이 있듯이, 화를 조절하는 것을 연습하고 끊임없이 노력해보세요. 감정을 다스리는 것도 태권도를 연마하는 것처럼 배울 수 있는 하나의 기술이랍니다. 몸을 운동으로 단련하듯이 마음도 단련하여 '화'를 창조적 에너지로 활용하는 단계까지 이르기를 응원해봅니다.

대처 방법에 따라 달라지는
건강한 분노, 병적 분노

　화 자체는 긍정적인 감정도 부정적인 감정도 아니에요. 화는 어떻게 대처하느냐에 따라 문제가 되기도 하고, 문제해결을 위한 에너지로 쓰이기도 해요. 아래의 예는 학교에서 흔히 있는 상황이에요. 화난 사람을 한번 찾아보세요. 그리고 화가 일으키는 문제에 어떤 것들이 있는지 함께 생각해봐요.

상황　선생님께서 반 전체 앞에서 지각한 학생 세 명을 불러일으켜 심하게 소리 지르며 험한 말로 혼내고 계신다.

학생1　"에이 XX. 다른 애들도 지각했는데, 왜 저만 갖고 그러세요?"하고 대든다.

학생2　일어서서 이를 꽉 다물고 있다가 집에 가서 사소한 일로 동생을 크게 쥐어박는다.

학생3　다리를 떨며 그 상황에 대해 무관심한 척한다.

학생 4 '저 선생님께 걸리지 않기 위해 앞으로 완벽하게 교칙을 지켜야 겠다.'고 생각하며 교과서를 열심히 읽는다.

학생 5 교실에서는 일어서서 고개를 숙이고 반성한 후, 집에 가서 라면 2개와 빵 3개, 과자 5봉지를 순식간에 먹어치운다.

학생 6 조용히 반성하는 척하다가 쉬는 시간에 옆 반 친구에게 선생님과 학생 1에 대한 험담을 한다.

학생 7 그 일 이후로 선생님 과목인 수학시간마다 교실에 조금씩 늦게 들어오고, 수학시간에 자꾸 존다.

언뜻 봐서는 선생님과 학생 1만 화난 사람으로 보여요. 선생님은 심하게 소리 지르고 계시고, 학생 1은 욕하며 대들고 있으니까요. 하지만 자세히 들여다보면 여기 등장한 모든 사람이 다 화난 사람이에요. 화를 표현하는 방법이 다를 뿐이지 모두 화가 났고, 그로 인해 직접적이든 간접적이든 부정적 영향을 경험하고 있어요. 위의 예를 통해 화에 대해 부정적으로 대처하는 대표 방식들을 구체적으로 살펴보고, 심리학이 권하는 긍정적이고 건강한 대처 방식도 소개할게요.

화에 대한 부정적인 대처 방식은 크게 세 가지로 나누어 볼 수 있어요.

첫째는 화를 공격적으로 표현하는 대처법이에요.

선생님과 학생 1이 여기 해당해요. 화가 났을 때 상대에게 상처를 주는 협박, 위협, 폭력, 폭언, 창피 주기 등의 공격적인 방식으로 상대방에게 직접 화를 내는 거예요. 우리가 생각하는 화의 전형적인 모습이지요. 이런 식으로 화를 표현하는 사람은 '나는 옳고, 너는 틀리다'는 생각이 매우 강해요. 그들이 무의식적으로 던지는 마음속 메시지는 '내 말대로 해!'랍니다.(참고 도서: 《화의 심리학》 비벌리 엔젤 지음, 용오름) 그래서 상대가 따르지 않으면 공격적으로 화를 내는 것이지요. 그러면 화낸 순간은 맘이 풀리거나 때로는 상대가 행동을 바꾸기도 해요. 하지만 상대는 상처를 받아 결국 나와 거리를 두거나 관계를 끊으려 할 가능성이 매우 높아 사람을 잃게 될 수 있어요. 또 이런 식으로 분노를 계속 표현할 경우, 마음속 적개심 때문에 몸의 건강을 해칠 수도 있답니다.

한편, 학생 2도 조금은 다르지만 공격적으로 화를 표현했어요. 학교에서 받은 화를 집에 가서 동생에게 푼 것이죠. 속담으로 비유하면 '종로에서 뺨 맞고 한강에서 화풀이'한 것이라 할 수 있어요. 심리학에서는 이런 방식을 방어기제 중 '대치(displacement)'라 하는데, 이 역시 미숙한 방법으로 화를 표현한 것이에요.

둘째는 화를 수동적으로 표현하는 대처법이에요.

학생 3, 4, 5가 여기 해당해요. 이들은 갈등을 피하고 싶어 해요. 그래서 화난 감정을 모르는 척하고 억누르려 해요. 학생 3처럼 말이에요. 심한 경우, 이를 갈거나 눈빛이 매서워지고 주먹을 꽉 쥐는 등 신체적인 반응이 있어도 화나지 않았다고 말하기도 한답니다. 화를 많이 억누른 나머지 화났다는 것을 알아차리지 못하는 것이지요. 이렇게 대처하는 사람들은 화를 억누르느라 에너지를 많이 써서 활력을 잃는 경우가 많아요. 심하면 우울증이 오기도 하고요. 또 자기 권리를 주장하지 못한 화가 쌓여 어느 순간 깜짝 놀랄 정도로 폭발하기도 한답니다. 신문에 나오는 폭력 기사를 읽다 보면, 주변 사람들이 가해자에 대해 '평소 너무 착한 사람'이라고 말하는 경우를 종종 볼 수 있어요. 그런 경우가 이렇게 폭발한 사람이에요. 화를 억누르다 남과 자신을 모두 병적인 화의 피해자로 만들게 된 거죠.

학생 4와 학생 5는 언뜻 보면 화가 나지 않은 것 같고, 심지어 적응적인 것처럼 보여요. 하지만 학생 4는 화난 감정을 숨기기 위해 '완벽'해지려 노력하는 것이 문제를 일으킬 수 있어요. 사람은 실수할 수 있는 존재거든요. 완벽하기 위해 지나치게 노력하다 보면 다른 곳에 쓸 심리적 에너지가 부족해지기 쉽답니다. 친구들과 즐겁게 보내거나 자신을 쉬게 할 마음의 여유를 찾지 못해 신경질적이 되기 쉬워요. 결국 본인의 마음이 자라는 데 부정적 영향을 줄 가능성이 높아지는 거지요. 몸도 마음도 자연스러운 모습일 때 가장 잘 자라거든요.

학생 5는 폭식으로 화를 푸는 걸 볼 수 있어요. 드라마나 영화, 소설 등에서도 폭식으로 화를 푸는 모습이 자주 나와요. 그래서 사실 폭식을 적응적인 것으로 오해하기 쉬워요. 하지만 폭식은 결국 위장병이나 비만 등의 원인이 되니 건강을 해치게 되겠죠. 이런 대처는 담배나 술 등으로 감정을 푸는 것과 같은 맥락이에요. 결국 화를 푸는 대가로 건강을 잃는 것이니 부정적인 대처라 할 수 있답니다.

셋째는 화를 수동 공격적으로 표현하는 대처법이에요.

학생 6, 7에 해당해요. 겉으로는 알아보기 어렵지만 상대방을 간접적으로 괴롭히는 방식이지요. 속으로 교묘한 복수를 결심하거나, 마음을 닫거나, 다른 사람에게 험담하거나, 비협조적인 행동을 하는 것 등이 해당돼요. 이 대처법은 의식적으로 하기도 하지만 무의식적인 경우가 많아

또 다른 문제를 일으키기도 해요.

이런 방법을 쓰면 겉으로는 화를 내지 않는 것처럼 보일 수 있어요. 하지만 갈등이 해결되지 않고, 주변 사람을 짜증나게 하므로 관계도 나빠질 수 있어요. 심한 경우 화가 자신에게 미쳐 자신이 손해를 본다는 점도 문제예요.

앞의 예를 통해 살펴보면 '발 없는 말이 천리를 간다'고, 학생 6의 험담이 학생 1에게 전해질 수 있어요. 그러면 관계가 나빠질 수 있겠죠. 또, 학생 7은 상대에게 화를 표현하기 위해 무의식적으로 자기에게 손해를 입혀요. 이는 엄마에게 반항한다고 밥을 안 먹는 것과 비슷하답니다. 엄마는 자식 사랑이 크므로 결국 져주겠지만, 사회적인 관계에서 이렇게 화를 표현하면 가장 손해 보는 것은 자신이거든요. 화내자고 밥을 안 먹으면 배고프니 내 손해고, 수학시간에 졸면 내 성적이 떨어지니 가장 손해 보는 건 자신이잖아요. '벼룩 잡자고 초가삼간 다 태우는 격'이랍니다.

앞서 열거한 공격적, 수동적, 수동 공격적 표현의 대처 방법은 화가 문제로 표현된다는 점에서 부정적이고, 심해지면 병적인 대처 방법이라 할 수 있답니다. 그러면, 화를 건강하게 사용해 문제를 해결하는 방법엔 어떤 것이 있을까요?

첫째는 화를 적극적으로 표현하는 대처법이에요. 이것은 화난 감정을 직접적이고 솔직하게 표현하는 방법이에요. 나의 화를 존중하는 만큼 상대도 존중하는 태도로 임하기에 공격적인 방식과는 다르답니다. 주로 '나 전달법('나'를 주어로 하여 어떤 상황에 대한 나의 느낌을 표현하는 것.)'을 써서 상대를 비난하지 않는 방법으로 화를 표현하는 것이지요. 이런 방식은 서로에 대한 이해를 높여서 화가 문제해결 수단으로 쓰이게 되지요.

92쪽의 A 학생의 대처법이 여기에 해당해요. A학생은 "야. 네 꺼 써. 빌리려면 말을 하든가."라며 자신의 감정을 직접적이고 솔직하게 표현했어요. 완곡하게 표현하면 "네가 말없이 내 물건을 가져다 써서 나 화났어. 빌릴 때는 말하고 썼으면 좋겠어."가 되겠지요. 이처럼 화를 직접적이고 솔직하지만, 공격적이지 않게 표현하는 것을 '적극적으로 표현'한다고 해요.

하지만 이건 친구관계의 얘기이고 선생님과의 관계에서는 적극적 표현이 현실적으로 어려워요. 이럴 때는 꼭 감정을 전하고 싶다면 말보다는 편지 쓰기가 어떨까 싶어요. '선생님. 제가 지각한 건 잘못이지만, 그렇게 모든 애들 앞에서 화내셔서 창피하고, 무섭고, 속상하고, 화도 났어요. 앞으로 지각하지 않도록 노력할게요. 죄송해요.' 이런 식으로요. 이런 편지는 전해도 좋고 안 전해도 좋아요. 쓰는 동안 화난 감정이 풀어진다면 전하지 않는 것이 좋겠지요.

만약 선생님께 용기를 내어 전달한 경우, 선생님이 이해하고 배려해주시면 좋지만, 선생님께서 불편해하실 수도 있어요. 그렇더라도 예의를 갖추었다면 감정을 전하는 것이 잘못은 아니니 자책하거나 실망하지 않기를 바라요. 이처럼 어른께는 적극적 표현이 어렵지만 친구 사이에는 적극적 표현을 쓰도록 노력해보세요. 화를 표현하면 당당해지고 활력이 생긴답니다. 화났을 때 바로 표현하는 것이 효율적인 방법이에요. 그러나 신중히 생각해보고 참을 수 있으면 참고, 표현할 필요가 있을 때 표현하는 것도 성숙한 방법이랍니다.

이렇듯 화를 적극적으로 표현해서 긍정적으로 활용하는 것은 심리학이 추천하는 방법이에요. 그러나 이 방법이 항상 유일하게 좋은 것은 아니랍니다. 살다 보면, 모든 화를 적극적으로 표현할 수 없고, 그렇게 하는 것이 피곤할 때도 있어요. 때로는 사소한 건 그냥 넘어가는 것이 지혜롭고 적응적인 방법이랍니다.

둘째는 성숙하게 내적으로 해결하는 대처법이에요.

심리학에서는 이를 방어기제 중 '억제(suppression)'라 해요. 이는 감정을 인식하지만 스스로 풀어내며 평정을 유지하는 상태로, 화를 내적으로 해결하는 성숙한 대처방법을 말해요. 화나는 상태에서 일단 진정하고, 여러 방법으로 스스로 조절하며 화를 풀어내는 것이지요. '참을 인이 세 번이면 살인도 면한다'는 이럴 때 쓰는 말이에요. 스스로 화를 푸는 방법에는 산책, 요가, 명상, 기도, 운동, 일기, 편지 쓰기 등이 있어요. 이것은 화를 억누르거나 아예 인식하지 못하는 것과는 달라요. 화로 인해 영향받지 않고, 오히려 화를 풀어내어 주변에 긍정적인 영향을 주는, 힘 있는 상태를 말하거든요. 비유하자면, 상대가 불덩이를 건네지만 그걸 받지 않거나 그냥 내려놓을 수 있는 힘이라 할 수 있어요. 이 대처방법은 오랜 마음수련을 통해서 할 수 있는 성숙한 인격이랍니다.

이렇게 화를 대처하는 방법에는 병적으로 나타내는 공격적, 수동적, 수동 공격적 대처법과, 건강하게 나타내는 적극적 표현, 성숙한 내적 억제 방법이 있어요. 이것을 화가 향하는 방향에 따라 크게 나누면 외적으로 화내는 것과 내적으로 참는 것으로 정리할 수 있어요. 자신이 어느 경우에 해당하는지를 보고, 반대되는 건강한 방법을 따라 해보세요. 참는 사람은 표현을 해보고, 표현하는 사람은 참아보는 것이지요. 중요한 건 둘 간의 균형이거든요. 또 동시에 상황에 따른 적절한 방법을 찾아보세요. 화는 건강하게 표현하는 것도 중요하지만, 유연하게 표현하는 것도 필요하답니다.

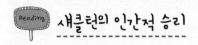 **Reading** **섀클턴의 인간적 승리**

– 남극 대륙 횡단 도전 중 배가 난파되고 준비해간 식량도 모두 떨어진 상황에서,

무려 1년 8개월을 표류한 끝에 단 한 명의 희생자도 내지 않고서

탐험대 27명을 모두 무사 귀환하게 한 탐험 영웅 –

섀클턴은 대원들의 사기를 저하시키는 후유증을 남기지 않으면서도 자기 내면의 공포감을 안전하게 표현할 수 있는 방안을 모색하였다. 그것은 바로 글을 쓰는 것이었다. 그는 부하들을 무사히 돌려보내야 한다는 책임감이 버겁게 느껴질 때면, 조용히 자기 방으로 돌아가서 차분하게 편지나 일기를 썼다. 이때 그가 적은 글들 속에는 배가 빙벽 속으로 사라져갈 때의 심리적인 충격과 귀환할 수 없을지도 모른다는 두려움 그리고 식량이 부족한 문제 등 리더로서의 고민들이 고스란히 담겨 있었다. (중략)

하지만 그는 자신의 일기나 편지에 담았던 걱정거리들을 팀원들에게 한 번도 내비친 적이 없었다. 팀의 동요를 막기 위해서였다. 어렸을 때 천둥, 번개를 동반한 폭풍우가 몰아치는 밤이면 내면의 불안감을 드러내지 않고는 도저히 견딜 수가 없어서 벌벌 떨면서 지내야 했던 그는 중년이 되었을 때 내면의 감정이 겉으로 드러나지 않도록 완벽하게 통제하는 데 대가가 되어 있었다.

출처: 《인디언 기우제》 (고영건 지음, 정신세계원).

샤클턴은 어린 시절엔 겁이 많았고, 젊은 시절엔 화를 잘 내고, 인내심도 부족해서 괴팍하고 다혈질이란 말을 들었다고 해요. 그러나 그는 부단한 노력 끝에 절망적인 상황에서도 탐험대를 모두 귀환하게 한 위대한 탐험영웅이 되었지요.

'Rome wasn't built in a day'란 영어 속담이 있어요. 샤클턴의 이야기에서 보듯 성숙한 인격도 하루아침에 이루어지지 않는답니다. 시간과 노력이 필요해요. 현재 화를 잘 내서 괴팍하고 다혈질이란 말을 듣고 있나요? 우리는 모두 성숙한 인격으로 성장하는 과정에 있답니다.

화를 감싸 안아
조절하는 방법을 배워보자

어떤 사람은 화만 나면 이성을 잃고 후회할 행동을 반복합니다. 그래서 '난 성격에 문제가 있다', '나는 구제불능', '나는 욱쟁이'라고 생각하기도 하지요. 하지만 어떤 상황에 대한 반응이 항상 즉흥적이고 공격적이라 해도 '화'에 대한 대처방식은 변화할 수 있어요. 자신이 화내는 방식을 잘 관찰하고 화를 조절하는 방법을 연습하면 화나는 순간 다른 행동을 선택할 수 있거든요.

우리는 흔히 화가 나면 나도 모르게 꾹 억누르거나, 회피하거나, 불같이 화를 내거나, 폭식을 해요. 그러나 화라는 감정이 나쁜 게 아니라 건강한 신호임을 알면 화를 관찰할 수 있는 힘, 즉 감싸 안을 힘이 생겨요. 그러면 그 순간 감싸 안은 화를 조절할 여유도 갖게 된답니다. 이런 노력을 반복하면, 화가 나도 문제될 행동을 덜하게 되고, 도움이 될 만한 행동으로 바꾸는 힘을 기를 수 있어요.

그럼 지금부터 화를 감싸 안아 조절하는 방법을 구체적으로 소개할게요. **첫째는 '화에 대한 나의 대처방법을 관찰하기'**예요. 앞서 소개한 화의 대처방법 중 나는 어떤 유형에 속하는지를 살펴보세요. 시간, 장소, 상대방에 따라 다를 수 있어요. 나의 유형을 알면, 나를 더 이해하게 돼요. 이 때 할 수만 있으면 다른 사람의 의견을 들어보는 것도 좋아요. 내가 화날 때 어떻게 하는 편인지 주변 사람들에게 물어보세요. 왜냐하면, 사람에 따라서 자신은 전혀 화내지 않는 '성인군자(聖人君子)'라고 생각하지만, 남들이 볼 때는 아닌 경우도 있거든요.

둘째는 '화를 감싸 안는 법 배우기'예요. 화를 나쁜 것이 아니라 건강한 신호로 받아들일 수 있으면, 화나는 순간에 생각과 감정이 부정적인 행동으로 이어지는 것을 멈출 수 있어요. 그러면 그 순간 '왜 화가 난 걸까?'를 생각해보세요. 좀 더 여유가 있다면 '문제가 뭘까? 어떻게 해결하면 좋지?'까지 생각해보세요. 문제해결 단계까지 생각할 수 있다면 화를 긍정적으로 활용할 능력이 생긴 거랍니다. 이렇게 화를 감싸 안아서 화의 이유를 알 수 있으면 다음 단계의 대처가 가능해질 거예요.

셋째는 '화를 감싸 안아 조절할 수 없을 때는 잠시 자리를 피하기'예요. 이런 방법을 심리학에서는 '타임아웃(time-out)'이라고 해요. 잠시 그 상황을 피해 화를 식힐 개인적인 시간을 갖는 것이지요. 예를 들면, "잠시 화장실 다녀올게."라든지 "잠시 시간이 필요해서, 산책 후 좀 이따가 이야기하자." 식으로 상대방에게 이야기하고, 생각할 시간을 갖는 것이지요. 때에 따라서는 일단 자리를 피하는 것도 방법이에요. 특히 화에 대한 대처방법이 즉흥적이고 공격적인 편이면, 이 방법이 매우 효과적일 거예요. 일단 그 순간의 분노 폭발만 피하면 이후 일어나는 문제의 상당수가 줄어드니까요.

넷째는 '문제해결을 위한 적절한 방법을 시도해보기'예요.

화는 뭔가 잘못된 것이 있다는 감정적 신호라고 했어요. 잘못된 점이 무엇인지 알았다면 건강하고 균형 잡힌 해결책을 찾아야겠죠. 화에 대한 건강한 대처법은 앞서 설명했어요. 이런 대처법을 자신에게 적용할 때는 반대되는 유형을 따라 해보면 좋아요. 내적으로 참는 사람은 외적으로 표현해보고, 외적으로 표현하던 사람은 내적으로 참아보는 것이지요. 우리의 목표는 화에 대한 균형 잡힌 대처이니까요.

구체적인 유형별로 살펴보면 1) 공격적으로 대처하는 사람은 일단 화를 참는 연습을 하는 것이 좋아요. 화를 마구잡이로 내서 세상을 내 뜻대로 바꾸려는 건 아이가 떼쓰는 것과 같은 행동이에요. 세상 일이 내 뜻대로 되지 않을 수 있음을 배울 필요가 있어요. 화를 일단 참고 걷기나 수영, 베개 때리기 등 혼자서 화를 삭이는 방법을 시도해보세요. 차분히 생각할 시간을 가져보기를 권해요.

동시에, 자신의 생각과 믿음(대인 신념)을 바꾸어 보세요. 공격적으로 화를 내는 사람들은 보통 상대방의 행동이 나를 괴롭히거나 나쁜 것이라고 생각하는 경향이 있어요. 이것이 비합리적인 생각이랍니다. 사람들은 자기 삶이 바빠서 애써 남을 괴롭히는 데 에너지를 잘 쓰지 않아요. 모두 자기 삶을 위해 노력하다 보니 어쩔 수 없이 생기는 일들이지요. 그러므로 상대방의 나쁜 의도가 명백하게 드러나기 전에는 그럴 의도가 없다고 생각하는 편이 나에게 도움이 돼요. 설령 나쁜 의도가 있었더라도 내가 그를 좋게 생각하면 상대의 마음도 바뀔 확률이 크답니다. '웃는 낯에 침 못 뱉는다'란 말이 있는 것처럼 말이에요. 그리고 완벽주의를 버리고 평소 스트레스를 줄이도록 노력해보세요. 완벽주의를 지향하거나 스트레스가 많은 사람은 작은 자극에도 공격적으로 화내기 쉽답니다.

2) 수동적으로 대처하는 사람은 화를 표현해보는 시도를 해보세요. 화를 못 내는 사람들은 화낸 이후의 상황에 대한 두려움이 큰 경우가 많아요. 어른들이 화를 용납해주지 않는 분위기라면 실제로 쉽지 않을 거예요. 만약 그러하더라도 '나는 화를 표현해도 사랑받을 만한 존재'라는 생각이 합리적 생각이랍니다. 그러므로 친구관계나 이성관계처럼 대등한 관계에서 화를 표현해보세요. 상대를 존중하면서 적극적으로 표현하는 화는 공격적인 화와 달라서 관계를 개선시키기도 해요. 화의 건강하고 적극적인 표현법은 다음에 정리해두었으니 도움이 되었으면 해요.

 화의 적극적인 표현법(효과적 자기주장 연습)

1. '나 진술법'을 이용하여 상황에 따른 감정을 표현한다.

예를 들면, '…때문에 나는 화났어.' 이런 식으로 표현한다. 이때 비난하는 말은 피한다. '너 때문에, 항상, 매번, 절대로' 이런 말들은 비난을 의미하기가 쉬우므로 피하는 것이 좋다.

2. 자신의 바람을 구체적으로 덧붙인다.

예를 들면 '그래서 …해줬으면 좋겠어.'라는 말을 하면 분명한 의사소통이 되어 오해를 피할 수 있어 좋다.

3. 목소리는 단호하게 하고, 시선을 피하지 않는다.

화가 나면 톤이 높아지고, 고함을 치거나 울음이 나와 제대로 말하기 어려운 경우가 많다. 심호흡을 하고 천천히 단호하게 말하면, 고함치고 우는 것보다 내 감정을 잘 전달할 수 있다. 이때 시선을 피하면 화난 감정을 제대로 전달하기 어렵다. 상대를 노려볼 필요는 없지만 시선을 회피하지 않고 말하는 편이 좋다.

4. 내 말을 다 하고 나면 상대가 알아들었는지 확인하고, 상대의 의견을 듣는다.

갈등 해결을 위해서는 상대에게 내 뜻이 잘 전달되고, 동시에 상대를 이해해야 한다. 따라서 상대의 의견을 들을 수 있으면 좋다. 그러나 감정이 올라왔을 때는 서로 말하기가 어려울 수 있으므로 상대가 의견을 말할 때까지 기다리는 지혜가 있으면 좋다.

이 방법들은 화를 수동적으로 참는 사람들뿐만 아니라, 모든 사람에게 도움이 되는 의사소통 기술이에요. 공격적으로 화내는 사람들도 비난이나 욕설로 화를 냈지, 적극적이고 건강하게 표현하는 것에는 익숙하지 않거든요. 이것을 익혀서 내 것으로 만들면 원활한 의사소통에 도움이 되리라 믿어요.

덧붙여 만약 어른들이 화를 용납해주지 않는 분위기라면, 공격성을 방출하는 운동을 추천해요. 예를 들면, 축구, 농구, 탁구, 복싱 같은 것들이죠. 이런 운동들은 수동적으로 대처하며 억누른 화를 발산해주는 효과가 있어요. 꾸준히 연습하면 도움이 될 거예요.

3) 수동 공격형으로 대처하는 사람은 하고 싶지 않을 때 "아니야, 싫어."라고 말하는 법을 배워보세요. "아니" 또는 "싫어"라는 말을 하면 상대방이 호의를 중단하거나 관계를 끊을 것 같은 두려움이 생기는 이들이 있어요. 하지만 우리는 거절을 해도 사랑받을 수 있는 존재랍니다. 두렵더라도 자기 의견을 직접 표현해보세요. 만약 현실적으로 그것이 여의치 않다면 이제 무엇이 합리적인 생각인지 알았으니 이것을 표현할 수 있는

기회가 올 때 도전해보세요.

그리고 스스로 화난 상태임을 인식해서 분노가 자신을 향하지 않도록 자기 마음을 살펴주세요. 이 유형에 관한 구체적인 사례는 뒤에 나올 민석이의 예에 자세히 설명했으니, 192쪽을 참고하길 바라요. 더 나아가, 어떤 일이든 피할 수 없다면 되도록 즐겁게 받아들일 방법을 찾는 것이 내면을 한층 성장시키는 길입니다.

화를 조절하는 방법 다섯째로는 '평상시 스트레스 해소법을 익히기'예요.

스트레스가 높으면 평소 편안하던 사람도 화를 자주 내고, 공격적이 되기 쉬워요. 따라서 평소에 스트레스를 낮추려는 노력이 필요해요. 스트레스 해소법은 이완훈련, 명상, 심호흡, 요가, 걷기, 등산, 수영, 마사지 받기, 독서, 각종 운동, 노래하기, 악기 연주하기, 글쓰기, 그림 그리기, 허브차 마시기, 자주 웃기, 반신욕하기 등 여러 가지가 있어요. 제가 가장 많이 추천하는 것은 이완훈련과 걷기랍니다. 조용한 곳에서 아무것도 하지 않고 호흡을 천천히 가다듬으며 편안하게 앉거나 누워 휴식을 취해보세요. 또는 시간을 내서 편안한 길을 천천히 걸어보세요. 하루 15분씩만 투자해도 스트레스를 감소시키는 효과가 크다고 하니 꼭 익혀보길 바랍니다.

지금까지 화를 감싸 안아 조절하는 방법을 살펴보았어요. 이제 더 나아가 화를 성숙하고 창의적인 것으로 변화시키는 방법을 살펴볼까 해요. 그 방법으로는 '승화'와 '용서'가 있어요. '승화'란 화를 사회가 용납할 수 있는 문화적 형태로 표현하는 거예요. 예를 들면 스포츠나, 예술 활동 등으로 나의 욕구를 표현하는 거지요. 나의 부정적 욕구가 사람들에게 도움이 되는 식으로 표현된다는 점에서 매우 창의적이에요. 또한 이것을 성숙하다고 하는 이유는 화가 성공과 행복을 이끄는 원동력으로 변화하기 때문이랍니다.

마지막으로 제가 가장 추천하는 방법은 '용서'입니다. 용서는 화 대처법 중 가장 어려우면서 가장 성숙한 방법이에요. 성경에 보면 '원수를 사랑하라'는 말이 있어요. 이 말을 잘 살펴보면 용서의 과정을 이해하는 데 도움이 되는데요. 일단 상대를 원수라고 부르듯, 상대의 행동이 나쁜 것임을 인정하는 것이 우선이에요. 화가 났다는 것을 인정하는 거지요. 하지만 어쩔 수 없었던 상대의 마음은 이해하고, 그런 행동을 할 수밖에 없었던 사정을 불쌍히 여기는 것. 이것이 바로 용서랍니다.

사람은 화가 나면 상대에게 꼭 되갚아주고 싶어 해요. 그런 마음은 누구나 같아서 결국 되갚음이 반복될 수밖에 없답니다. 용서는 이런 반복을 끊어내고 상대를 이해하고 불쌍히 여기는 마음 즉, 사랑의 관계로 바꾸는 힘이랍니다. 그래서 용서는 매우 어렵지만 가장 성숙하고 아름다운 대처법이에요. 또 연구에 의하면 화를 병적으로 참거나 공격적으로 내는 사람보다, 용서하는 사람이 심신의 건강에도 훨씬 유익하다고 해요. 그러니 용서는 나를 위해서도 상대를 위해서도 가장 도움이 되는 대처방법이랍니다.

저는 오랜 기간 동안 화를 조절하지 못해 힘든 시간을 보낸 경험이 있어요. 여기 설명한 것들은 제 경험과 배움을 바탕으로 제가 실수하고, 연습하며, 배워나간 것들이랍니다. 제게 이 지식들이 도움이 되었던 것처럼 이 글을 읽는 이들에게도 도움이 되길 소망해봅니다.

불안, 공포, 죄책감, 수치심, 슬픔, 혐오감
나를 괴롭히는 부정적 감정에 대하여

애들이 제가 작다고 절 깔봐요. 가만히 있으면 괜히 건드리거나 깝치고,
이상한 소문내고… 그래서 그 자식이 깝치길래 먼저 한 방 날려주고 욕
을 퍼부은 거예요. 건드리지 못하게… '선빵 필승'이거든요.

_ 불안과 두려움을 화로 표현하는 A

그 녀석이 키우던 개가 죽었다고 질질 짜서, 짜증나서 한 대 패줬어요.
남자 새끼가 약해 빠져가지고… 우는 새끼를 보면 딱 짜증이 나요. (중
략) 어릴 때 남자는 우는 게 아니라고 배웠어요, 울며 "남자가 그렇게 약
해 빠져서 어디다 써먹겠니?"라고… 할머니에게 회초리로 맞았어요.

_ 슬픔을 화로 표현하는 B

A 학생과 B 학생의 경우 겉으로만 보면 화로 인한 문제를 겪고 있어
요. 그래서 화를 조절하는 데 초점을 맞추기 쉬운데, 그러면 화가 잘 다
스려지지 않아요. 이것은 화 외의 다른 부정적 감정을 화로 나타냈기 때

문이에요. 실제로 상담해보면 여러 부정적 감정을 전부 화로 표현하는 이들을 꽤 볼 수 있어요. 이런 화는 적극적으로 표현해도 상대에게 진실한 감정이 전해지기 어려워 관계가 호전되지 못합니다. 자기 자신을 잘 모르기에 남에게 이해받고 소통하기도 어려운 상태인 것이죠. 따라서 화 이외의 부정적인 감정도 알아차리고 돌보면 마음이 성장하는 데 도움이 돼요. 화 이외의 부정적 감정들은 여러 가지가 있는데, 흔히 보이는 몇 가지를 정리해볼게요.

● 불안과 공포

불안과 공포는 위험에 대한 반응적 감정이에요. 불안은 막연한 위험에 대한 반응 감정이고, 공포는 구체적이고 곧 닥칠 것 같은 위험에 대한 감정이지요. 그래서 사람들은 불안을 느끼면 피하거나 도망을 가곤 해요. 이것은 본능적인 반응이지요.

실제로 동물을 보면, 무서운 대상이나 상황에 처하면 도망가는 것을 볼 수 있어요. 그러나 대인관계에서 불안을 느낀다고 사람을 피하거나 도망가면 여러 문제를 겪을 수 있어요. 대인 기피증이나 사회 공포증이 대표적인 예죠. 만약 불안하다고 발표 자리를 매번 피하고, 모임을 나가지 않으며, 면접시험을 치르지 않는다면 적응에 문제가 생기겠지요.

불안으로 인한 또 다른 문제는 화가 많아진다는 거예요. A 학생이 이 경우지요. 겁이 많은 개가 잘 짓는 것처럼 두려움 때문에 먼저 공격적이 되는 거예요. 이런 경우 폭력적인 사람으로 오해받고 친밀감이 손상되어 관계 문제가 생긴답니다.

심리학에서는 불안을 줄이는 방법으로 생각을 바꾸는 걸 추천해요. 대인관계에서 불안이 높은 사람은 부정적 영향을 과하게 생각하는 경향이 있어요. 동시에 자신의 해결 능력이 낮다고 생각하는 경향도 있고요. 이런 생각을 현실의 자신에 맞게 변화시켜야 해요. 도움이 필요할 땐 청하고, 자신의 대처능력에 대한 믿음을 높이는 것이지요.

또 다른 방법은 불안을 주는 상황에 자신을 조금씩 노출해서 이에 둔감해지는 거예요. 예를 들면, 믿을 만한 사람과 함께 힘들더라도 발표에 조금씩 자꾸 참여해보는 것이지요. 이에 대한 자세한 내용은 《14살 마음의 지도》(40쪽)에 설명해두었으니 참고하길 바라요.

● 슬픔

B 학생처럼 슬픔을 표현하는 건 '약한 것'이라고 배운 사람들이 있어요. 특히, 남학생에게 그런 경우가 많지요. 그러나 슬픔은 하나의 감정일 뿐 약한 것이 아니에요. 오히려 슬픔을 화로 나타내어 대인관계에서 친밀감이 손상되면, 외로워지기 때문에 약해질 수 있어요. 진정한 강함은 자신의 감정을 인정하면서도 조절할 수 있는 상태랍니다. B 학생도 할머니의 교육이 사랑에서 우러난 것이긴 해도 비합리적인 메시지였음을 깨닫는 과정이 치료의 시작이었어요. 어린 시절의 슬픔을 인정하는 과정도 필요했고요. 그러고 나니 자신이 친구에게 한 행동이 상처 준 것임을 자연스럽게 느끼게 되었답니다.

사실 슬픔은 무언가를 잃었을 때 느끼는 감정이에요. 우리는 살면서 사람을 잃기도 하고, 물건을 잃기도 하고, 중요한 가치나 역할 등을 잃기도 하죠. 이럴 때 슬픔을 느껴요. 이런 슬픔은 대부분 '시간이 약'이란 말처럼 시간이 지나면 자연스럽게 좋아져요. 슬픔도 자연스러운 감정인지라 억누르고 충분히 표현하지 못하면 오히려 오래가지요. 때론 그 강도가 지나치면 우울증 등이 되기도 하고요. 따라서 슬픔이 오래갈 때는 가까운 친구나 믿을 만한 사람에게 마음을 털어놓고 나누면 도움이 돼요. '기쁨은 나누면 배가 되고, 슬픔은 나누면 반이 된다'는 말도 있잖아요. 타인의 공감은 큰 치유 효과가 있답니다.

심리학에서는 상실로 인한 슬픔을 극복하는 과정을 부정, 분노, 타협, 우울, 수용의 5가지 단계로 설명해요. 충분히 아파하고 나면 회복할 힘이 생긴다는 거지요. 이에 관한 자세한 설명은 147쪽의 주희의 예에 있으니 참고하길 바라요.

● 수치심과 죄책감

수치심과 죄책감은 자신의 잘못에 대해 느끼는 부정적 감정이에요. 수치심은 이상적인 자기 모습에 비추어 뭔가 잘못되거나 부족하다고 느낄 때 드는 감정이고, 죄책감은 도덕적 기준에 비추어 잘못된 행동을 했을 때 느끼는 감정이에요. 두 감정은 헷갈리기 쉬운데, 수치심은 자기 존재 자체가 뭔가 문제 있다는 느낌이고, 죄책감은 자신이 한 행동에 문제가 있다는 느낌이에요. 그래서 죄책감보다 수치심이 화도 더 나고 회복도 쉽지 않은 편이에요. 하지만 이 역시 조절과 대처가 가능한 감정들이랍니다. 지금부터 구체적으로 살펴볼게요.

우선 수치심부터 볼게요. 수치심은 자존감이 낮아 자신을 창피하게 여기고, 숨고 가리게 만드는 감정이에요. 동시에 자신을 무시한다고 여기거나 창피하게 만드는 사람을 향해 엄청난 화를 폭발시키는 힘이지요.

이 감정은 어린 시절에 가혹하게 혼나거나, 충분한 사랑을 받지 못한 채 방치된 경험 등이 있으면 생기는 경우가 많아요. 따라서 이런 감정이 자주 생긴다면 '자신의 있는 모습 그대로 괜찮다'라는 사실을 알 필요가 있어요. 수치심을 느낄 때 '내가 어때서? 그럴 수도 있지. 난 괜찮은 사람이야.'라고 스스로 말해주세요. 자신에게 부족하거나 잘못된 점이 있어도 용서하는 마음을 가져야 한답니다. 완벽한 인간은 세상에 존재하지 않으니까요. 이것은 부모님이 어린 자식에게 기대에 못 미치는 면이 있어도 너그러이 받아주고 용서해주는 것과 같은 과정이에요. 이런 용서와 사랑을 스스로에게 베푸는 것이 수치심을 치유하는 방법이랍니다.

다음은 죄책감이에요. 뭔가 잘못된 행동을 했을 때, 죄책감으로 인해 도리어 화내거나 변명과 핑계를 늘어놓는 사람을 우리는 흔히 볼 수 있어요. 상대방에게 잘못한 행동을 인정하기가 어려워서 그러는 것이지요. 그러면 일시적으로 비난을 피하니 덜 괴롭고, 자신이 책임을 지지 않아도 될 것 같은 상황이 오기도 해요. 그러나 그런 대처는 임시방편일 뿐 결국 부정적 결과가 온답니다. 왜냐하면 상대에게 잘못을 반복하게 되고, 자신의 행동을 고쳐 성숙한 인격으로 성장할 기회를 잃기 때문이죠.

따라서 뭔가 잘못된 행동을 했을 때 죄책감을 느끼는 것을 자연스럽게 받아들이는 것이 좋아요. 동시에 '실수해도 괜찮다'는 사실을 배워서 실수한 자신을 반성하고 돌이키는 과정이 있으면 좋답니다. 실수해도 괜찮다는 것을 배우지 못한 사람은 죄책감이 들 때 괴로운 나머지 자해까지

하는 경우도 있거든요. 그것은 바람직하지 못한 대처랍니다. 남을 해치는 것 못지않게 자신을 해치는 것도 폭력이니까요.

자신의 행동을 반성한 후엔 상대방에게 사과하고 용서를 구하는 것이 성숙한 행동이에요. 실수로 인해 괴로워하지 말고, 실수를 통해 배우고 성장하는 것. 그것이 죄책감을 성숙으로 이끌 창조적 에너지로 활용하는 지혜랍니다.

● 혐오감

대인관계에서 혐오감은 거리를 두고 멀리하고픈 느낌을 말해요. 한마디로 하면 '싫은' 느낌이죠. 사람들 중엔 이런 감정을 느끼게 하는 사람도 있어요. 또 나도 모르게 내가 다른 사람에게 그런 느낌을 줄 수도 있고요. 그런데 그런 감정이 있을 때 자꾸 가까워지려 하면 더 싫어져서 문제가 되기도 해요. '스토커'가 전형적인 예입니다. 싫은데 자꾸 다가오니까 더 싫어지고 급기야는 혐오스러워지죠. 그래서 혐오감이 들 때는 거리를 두는 것도 하나의 방법이에요.

하지만 이건 일반적인 경우고, 가족이나 가까운 사람에게 이런 감정이 들 때는 상황이 달라져요. 이런 관계는 쉽게 멀리하기 어려운 관계니까요. 따라서 가족이나 가까운 사람에게 이런 감정이 들 때는 감정을 해소하고 변화시키도록 노력해야 해요.

그런 지혜는 우리 문화를 잘 살펴보면 얻을 수 있어요. 우리 문화는 혐오스러운 것도 시간과 정성을 들여 창조적인 것으로 변화시키는 문화거든요. 대표적인 예가 '된장'이랍니다. 된장은 세계적으로 인정하는, 항암 효과가 있는 우수한 식품이죠. 그러나 그 원료는 곰팡이가 난 콩인 메주예요. 곰팡이가 났다는 건 다른 각도에서 표현하면 부패라고 할 수 있어요. 그런데 혐오감이 바로 부패한 것을 보았을 때 드는 역한 감정이거든요. 우리는 그런 혐오감을 주는 상태의 것을 오랜 시간 정성을 들여 최고의 것으로 만들어내는 힘이 있답니다.

이렇듯 오랜 시간 정성을 들이고 기다리며 돌보는 것이 바로 사랑의 본질 중 하나예요. 그래서 싫은 감정이 있는 대인관계도 사랑하려 노력하면 친밀한 감정으로 바뀌는 경우가 있답니다. 그런 감정을 우리 문화에서는 '미운 정'이라고 해요. '고운 정, 미운 정' 할 때 '미운 정' 말이에요. '정(情)'이란 감정은 이처럼 혐오스러운 것도 품어서 함께 갈 수 있는 따뜻한 감정이랍니다. 이러한 '정'은 우리 문화의 고유한 감정으로 딱히 번역 가능한 외국어가 없어, 비슷한 의미의 용어들로 대체해서 번역한다고 해요. 심리학의 여러 지식은 서양에서 유래한 것이 많아요. 그래서 우리에게 적용할 때는 유연한 적용이 필요해요. 우리 문화의 지혜가 이 글을 읽는 이들에게 전해지길 빌어요.

여기까지 화(火) 외의 부정적 감정들의 종류와 조절 방법을 살펴보았어요. 앞서 화를 나쁜 것으로 여겨 억누르려 하지 않고, 뭔가 잘못된 점이 있다는 신호로 받아들이면 건강한 대처가 가능하다고 했어요. 지금 언급한 부정적 감정들도 마찬가지랍니다. 이런 감정들도 적응적인 신호로 받아들이고 성장을 위한 에너지로 활용할 수 있기를 바랍니다.

PART 3

저,
좋아하는 사람이 생겼는데요…

∙
∙
∙

내 마음은 몰라주고, 자꾸 상처만 주는 그 친구,
사랑 맞나요?

누구와도 절대 깊이 친해질 수 없을 것 같아요

저는 고2 남학생입니다. 도저히 여자 애들 맘을 모르겠어요. 여자 애들은 제가 무섭대요. 사귀는 애마다 제가 무섭다고 해요. 사귀다 보면 애들이 좀 짜증나게 구니까 참다 참다 화를 내는 건데 제게 무섭다고 하면서 쫙 내버려요. 너무 지들밖에 모르니까 나한테 좀 잘하라고 하는 건데, 왜들 그러는지 모르겠어요. 자꾸 이런 일이 있으니까 제게 무슨 문제가 있나 싶기도 하고…… 여자 애랑 오래 사귀는 건 불가능한 일인 것 같아요.

실은 모든 애들이랑 다 그런 편인 것 같아요. 애들은 왜 제 마음 같지 않은 걸까요? 애들이랑 어울리는 건 너무 힘든 것 같아요. 원래 그런 건 알고 있었지만 아무래도 누군가와 절대 깊이 친해질 수 없을 것 같아요. 저는 왜 이럴까요? 식구들하고도 편치 않은데…… 아마도 제게 미운 털이 박혀 있어서 그런가 봐요. 그렇죠?

- 진혁 -

122

따뜻한 정서적 보살핌이
필요한 상태입니다.

진혁 님. 여자 친구들이 진혁 님을 자꾸 떠난다니, 그 이유를 몰라서
답답하기도 하고 반복되는 일이라 지쳐 있는 것 같네요. 사람들과 친해
지려는 노력이 계속 좌절되어 마음을 닫으려는 것 같아서 제 마음도 안
타까워요.

진혁 님. 결론부터 말씀드리면 '미운 털'이 박힌 사람은 없어요. 오히려
사람에게는 다 '사랑 털'이 박혀 있어요. 그래서 모든 사람은 다 태어날
때부터 사랑스러운 존재이고, 사랑받아 마땅한 존재랍니다. 진혁 님에게
그런 맘이 드는 건 '식구들이랑 편치 않다'는 표현으로 보아, 자라는 과정
에서 사랑이 충분치 못했던 아픔 때문인 것 같아요. 혹시라도 '나는 아닌
데'라는 생각이 든다면, 사랑이 부족했다는 뜻이지 사랑이 없었다는 뜻이
아니니 오해하지 않길 바라요.

진혁 님처럼 누군가와 깊이 친해지지 못할 것 같은 느낌, 또는 누군가
와 친밀한 관계를 오래 갖는 걸 어려워하는 사람들이 있어요. 이런 어려
움에 대해 심리학에서는 '정서적 박탈감의 도식'이 있다고 말해요. 무척

어려운 말처럼 들리지요. 하지만 이것은 나 혼자라는 느낌, 사람들이 내 말에 귀 기울여주지 않는 것 같고, 내 마음을 이해해주는 사람이 한 명도 없는 것 같은 느낌을 뜻하는 말이에요. 이런 상처가 있는 사람은 많이 외로움을 느껴서 때로는 마음에 구멍이 뻥 뚫린 것 같은 느낌이 들기도 한답니다.

이런 느낌이 있으면 상대가 나에게 따뜻하게 대하지 않는 것 같을 때, 섭섭하고 짜증나고 화가 나기도 해요. 이런 부분이 쌓였다가 폭발하면 관계에 문제가 생기고, 표현을 못하면 '미운털이 박혔다'는 식으로 자기 문제로 여기게 되지요. 그래서 내가 충분히 사랑받지 못했다는 사실과, 그래서 내 마음에 채워지지 않는 부분이 있다는 걸 인식하고 부정적인 감정을 풀어내는 과정을 먼저 거쳐야 합니다. 그런 다음에 구체적인 어려움들을 살펴보는 과정이 필요할 거예요. 이 부분을 돕는 방법은 앞서 살펴본 하경이의 예와 일맥상통하는 면이 있으니, 78쪽을 참고해보길 바라요.

여기서는 진혁 님에게 구체적으로 도움이 될 부분들에 대해 이야기해보려고 해요.

첫째, 여자 친구를 향한 분노를 쌓아두지 말고 생길 때마다 건강한 방법으로 표현해보세요.

진혁 님이 어떤 순간에 짜증이 나는지는 구체적으로 알 수 없어요. 하지만, 진혁 님이 여자 친구와의 사이에서 원하는 바가 충족되지 않아서 그런 감정이 드는 같아요. 그런 경우 상대에게 자꾸 자신이 원하는 바를 요구하면 둘의 관계가 나빠질까 봐 말하기를 꺼려할 수도 있어요. 그럴 땐, 상대에게 원하는 걸 요구하기보다 자신의 감정을 말하는 것이 효과적인 방법이랍니다. 사람은 상대가 나에게 뭘 바꾸라고 하거나 무언가 요구하는 건 듣기 힘들어할 수 있지만, 내 감정이 어떻다는 말은 쉽게 받아들일 수 있거든요.

특히 진혁 님은 감정 가운데 '화'를 잘 표현하는 것이 필요해 보입니다. 화를 쌓아두었다가 한꺼번에 내다 보니, 폭발하듯 나타나는 것 같아요. 그러면 상대가 무서워할 수밖에 없답니다. 압력솥의 김을 조금씩 빼지 않으면 폭발하는 것과 같은 이치예요. 진혁 님도 상대방이 그러면 무서울 것 같지요? 그러니 평소 화가 날 때 바로 표현해주세요. 상대를 비난하거나 공격적이 되지 말고, 어떤 부분이 어떻게 느껴져서 화가 난다고 차분히 말해주세요.

화를 건강하게 표현했다면 여자 친구의 반응을 기다려주세요. 여자 친구가 진혁 님의 마음을 이해한다면 행동이나 말에 변화가 있을 거예요. 반면 그렇지 않다면 잠시 멀어지는 것도 서로를 위해 좋은 선택일 수 있어요.

둘째, 자신이 너무 자기밖에 모르는 여자 친구에게 끌리는 건 아닌지 점검해보세요.

자기를 가꾸고 자기주장을 하고 자기 일을 열심히 하는 등 자기를 사랑하는 힘을 심리학에서는 '자기애'라고 해요. 이것은 건강한 특성이지요. 하지만 이런 특성이 과해서 자기중심적인 사람들이 있어요. 그런 사람들은 자기가 너무 중요해서 상대방의 마음을 잘 헤아리지 못해요. 그런 부분을 심리학에서는 '과도한 자기애(나르시시즘)'라고 하는데, 진혁 님이 이런 타입의 여자 친구들에게 끌리는 건 아닌지 점검해보는 것도 좋아요. 이런 타입의 여자 친구들은 처음엔 매력적으로 보일지 몰라도 상대의 마음을 헤아리는 능력이 부족하기 때문에 사귀다 보면 많이 힘들수 있어요.

만약 내가 그런 타입의 여자 친구와 사귀는 경향이 있다 싶으면 다음에는 다른 타입의 친구와 사귀어 보는 것도 좋을 것 같아요. 좀 덜 끌려도 나를 따뜻하게 대해주는, 배려하는 타입의 여자 친구 말이에요. 아니면 여자 친구 역시 성장하는 과정에 있고 이런 특성은 자라면서 바뀔 수있으니, 좀 더 성장한 후에 사귀는 것도 좋을 거예요.

셋째, 사람의 마음은 다 다르다는 것을 아는 거예요.

'열 길 물속은 알아도 한 길 사람 속은 모른다'는 말이 있어요. 사람의 마음은 서로 다 다르답니다. 모두 다르다는 걸 인정하고 나면 사람들이 내 맘 같지 않을 때 화나고 서운한 마음이 덜해집니다. 그리고 그 사람이 비교적 쉽게 받아들여진답니다. 다른 사람의 마음이 내 마음과 같기를 강요할 수는 없어요. 사람은 나를 바꾸기가 더 쉽지, 다른 사람을 바꾸기는 쉽지 않거든요. 다른 사람과 친해지길 원하면 내가 먼저 다른 사람의 말에 귀를 기울여주고 맞춰보세요. '하늘은 스스로 돕는 자를 돕는다'는 말처럼, 친구들도 진혁 님의 노력을 보면서 진혁 님의 마음을 헤아리려고 하는 날이 올 거예요.

앞에서도 말했지만 세상에는 미운 털이 박히는 것도, 누군가와 오래 사귀는 것이 불가능한 일도 없답니다. '당신은 사랑받기 위해 태어난 사람'이란 노랫말처럼 진혁 님은 지금 충분히 사랑스럽고 사랑받을 자격이 있어요. 과거에 있었던 속상하고 돌이킬 수 없었던 일들은 그만 용서하세요. 새로운 여자 친구를 통해, 또 다른 친구들을 통해, 사랑이 오도록, 사랑을 받을 수 있도록, 자신에게 사랑을 허락해주세요.

STORY

사귀는 오빠가 저를 때렸어요...

저는 고3 여학생입니다. 사귀는 오빠가 있는데, 저를 때렸어요. 오빠가 제게 거짓말을 했고, 전에 사귀던 여자 친구와 아직도 양다리라는 걸 알았어요. 그래서 오빠에게 화를 내며, 책을 집어던졌는데 그러자 오빠가 저를 때렸어요. 부은 얼굴을 보고 엄마는 당장 헤어지라고 난리지만 저는 오빠가 없으면 살 수 없을 것 같아요. 오빠에게 화나기도 하지만, 오빠랑 사귀는 걸 학교 애들도 다 아는데 도저히 헤어질 수 없어요. 어떻게 하면 오빠가 전 여친이랑 헤어지고 저를 다시는 때리지 않게 할 수 있을까요?

- 혜영 -

저는 고1 여학생입니다. 저희 반에 장기 결석하던 애가 있는데, 그 애가 요즘 등교를 하더니, 제게 딱 달라붙어 미치겠습니다. 애들이 모두 피하는 애지만, 얼마 전까지 정신과 치료를 받았다기에 인간적인 수준에서 대해줬는데, 너무 심하게 달라붙어 미치겠습니다. 쉬는 시간마다 제 앞에 와서 끝임없이 자기가 세계 최연소 박사가 될 거라는 둥 허무맹랑한 이야기를 계속하고 또 노래를 부릅니다. 그리고 자기는 내숭이 없다며 교실에서 함부로 옷을 갈아입고 급식실에서는 손으로 막 집어먹습니다. 제가 아무리 "너 그러는 거 부담스럽고 불편하다. 하지 마라."고 여러 번 말해도 전혀 변화가 없고 심지어 제가 피하면 따라 다닙니다.

나쁜 애라면 화라도 내겠는데, 아픈 애라서 화도 못 내겠어요. 그런데 오히려 선생님들은 그 애가 저랑 다니는 걸 다행으로 여기는 눈치라 말도 못하겠고…… 저는 정말 미치겠는데 어떻게 해야 할까요?

- 민지 -

도움
한마디

고통스러운 관계는
사랑이 아닙니다.

⋮

혜영 님. 오빠에게 책을 집어던졌을 정도라니 그간의 분노가 폭발했나 봅니다. 그런 상황에서 오빠는 혜영 님을 때렸고, 그런데도 오빠가 없으면 살 수 없을 것 같다니, 얼마나 마음이 괴로운가요? 몸도 마음도 너무 아프겠어요.

민지 님. 장기 결석한 애가 민지 님을 화나게 하는데도 아픈 애라서 화도 못 내겠다니, 미치겠다는 말이 충분히 이해가 됩니다. 정말 미칠 것 같겠어요.

혜영 님, 민지 님. 둘의 사례를 제가 함께 이야기하는 이유는, 혜영 님과 오빠의 관계, 그리고 민지 님과 장기 결석한 친구의 관계가 모두 파괴적인 관계이기 때문이에요. 혜영 님의 오빠는 그토록 사랑하는 사람이지만, 혜영 님의 신뢰를 배신하고 또 폭력까지 휘둘렀어요. 그리고 민지 님의 장기 결석 친구는 제가 보기엔 아직도 치료가 필요한 상태로 보이고요. 몸이 아픈 사람은 자기 혼자 아프지만, 마음이 아픈 사람은 주변 사람까지 아프게 하기도 한답니다. 민지 님의 친구는 도움이 필요한 상태이지만, 그건 전문가나 어른의 도움이 필요한 거지 민지 님이 홀로 감당할 수 있는 부분은 아닌 것 같아요.

심리학에서는 사람들에겐 자신만의 '경계'가 있다고 합니다. '경계'란 나의 내면을 지키는 울타리로, 나의 부분과 남의 부분을 구분해주는 한계를 말해요. 다시 말해, 신체적, 정신적, 정서적인 나만의 영역을 말한답니다. 건강한 어른이 되기 위해서는 자라는 동안 이런 경계들이 어른에 의해 잘 보호되고, 또 스스로 잘 지킬 수 있도록 배워야 해요. 그런데 혜영 님의 오빠는 신체적 경계를 침범한 것이지요. 또 민지 님의 친구는 본의 아니게 민지 님의 정서적 경계를 침범한 것이랍니다. 두 관계가 모두 '나'라는 사람이 보호받아야 할 부분을 훼손했기 때문에 파괴적인 관계인 것이지요.

이런 경우 심리치료에서는 가장 먼저 그 관계에서 일시적이든 장기적이든 일단 멀어지라고 조언합니다. 그리고 선생님이나 부모님 등 믿을 만한 어른에게 상황을 알리고, 도움을 청하는 거예요. 이런 상황은 청소년 개인의 힘으로는 극복하기 어려운 상황이에요. 만일 어른이어도 똑같은 조언을 해줄 만큼 파괴적인 관계랍니다. 그러니 도움을 청하는 것이 부끄러운 일이 아니에요. 오히려 상황이 바뀌면 훨씬 좋은 변화가 올 수 있는 상태랍니다.

그럼, 두 사람에 권하는 공통적인 조언은 이 정도로 하고, 각자 구체적으로 이야기를 나누어볼게요.

혜영 님은 지금 오빠가 혜영 님을 배신하고 폭력을 행사했는데도 오빠가 없으면 살 수 없을 것 같다고 했어요. 혜영 님에게 매우 아프고 또 의

아하게 들릴 수도 있지만, 혜영 님의 가족은 지금 가족의 기능을 충분히 해주지 못하고 있는 것 같아요. 사람들은 대체로 밖에서 좋지 않은 일을 겪더라도 가족에게서 위로를 받고, 가족 때문에 그 아픔을 이겨낼 수 있게 된답니다.

그런데 혜영 님의 경우를 보면 그런 파괴적인 관계인데도 오빠가 없으면 살 수 없다고 말하는 걸 보니, 아마도 진심으로 의지하거나 사랑을 베풀어 주는 사람이 오빠밖에 없다고 생각하기 때문이 아닐까 싶어요. 원래 그런 존재가 가족이어야 한답니다. 나를 소중히 대해주는 가족의 사랑 덕분에, 나를 소중히 지킬 힘이 생기고 내게 함부로 하는 사람과 멀어질 힘이 생기는 것이거든요.

심리학자들은 이러한 어려움이 어린 시절에 생겨났을 수 있다고 말합니다. 어렸을 때 나에게 함부로 대하는 사람이 있었을 수 있다는 것이지요. 하지만 어린아이는 혼자서 살아갈 힘이 없기 때문에 함부로 대하는 사람이더라도 반드시 함께하려 하거나, 아니면 나에게 문제가 있어서 이런 일이 생긴 것이라는 식으로 생각하기 쉬워요. 하지만 그건 보호받지 못한 경험 때문에 생긴 왜곡된 생각이랍니다. 이러한 상처를 심리학자들은 '학대의 상처'라고 말한답니다. 말이 좀 강해서 놀랄 수도 있어요. 하지만 이런 상처는 말만큼이나 강한 마음의 상처이므로, 만약 제가 이야기한 부분 중 자신에게 해당되는 것이 있으면 상담 전문가를 만나보길 권해요.

또한 거짓말을 하고 때리기까지 하는 오빠 역시 심리적 문제가 있는 걸로 보여요. 오빠가 없으면 살 수 없을 것 같은 마음은 이해하지만, 지금은 혜영 님 자신을 위해 자기를 보호하고 사랑하는 쪽으로 더 마음을 기울여야 할 것 같아요.

많이 힘들겠지만, 어쩌면 죽을 것처럼 힘들지도 모르지만 오빠와 멀어져 보세요. 혜영 님이 오빠를 사랑하는 힘으로 자신을 사랑해주었으면 좋겠어요. 자신을 지키고 사랑할 수 있는 사람이 다른 사람과도 좋은 관계를 맺을 수 있답니다.

아무리 생각해도 오빠와 헤어질 수 없다면 '한 번 실수는 병가지상사(兵家之常事)'라는 말도 있으니, 오빠를 한 번은 용서해보세요. 하지만 이런 폭력은 절대 용납할 수 없음을 분명히 하고 용서하세요. 폭력은 사랑이 아니니까요.

그리고 절대 그런 일이 없어야겠지만 혹시라도 그런 일이 반복된다면, 그때는 혜영 님과 오빠가 서로 성장하기 위해 각자의 시간을 갖기를 바랍니다.

그리고 민지 님, 앞에서 말했듯이 마음이 아픈 사람은 주변 사람까지 아프게 하기 쉬워요. 장기 결석 친구로 인해 민지 님이 미칠 것 같은 기분이 드는 것은 당연해요. 그 친구에게 불편하고 부담스럽다고도 했고, 그러지 말라고도 했고, 피하기도 했다면 민지 님이 할 수 있는 행동은 이미 다 한 걸로 보입니다. 그러니 더 이상 힘들어하지 말고, 자신을 도와줄 수 있는 어른께 도움을 요청해보세요. 아픈 친구에게 잘 대해주는 건 좋은 일이지만, 내가 감당할 수 없는 부분까지 책임지려고 하지 않아도 된답니다. 책임감은 참으로 아름다운 특성이지만 과한 책임감은 자신을 힘들게 할 수 있어요. 그리고 민지 님도 아직 도움과 성장이 필요한 청소년이랍니다.

　혹 선생님이 장기 결석 친구가 민지 님과 함께 다니는 걸 다행으로 여긴다면 그것은 아마도 민지 님과 그 친구의 관계를 선생님께서 잘 모르셔서 그러는 걸 거예요. 그 친구의 상태가 얼마나 심각한지, 아니면 민지 님이 얼마나 괴로운지를 잘 모르셔서 그럴 수도 있고요. 선생님도 인간이기에 잘 모르거나 실수하는 부분이 있을 수 있답니다. 하지만 제자를 사랑하지 않는 선생님은 없어요. 그러니 제게 이렇게 고민을 털어놓는 용기를 한 번만 더 발휘해서 선생님이나 부모님께 도움을 청해보세요. 민지 님의 고민을 알게 되면 선생님께서 분명히 도움을 주실 거예요. 그 친구를 위한 전문적인 치료에 힘써주든지, 다른 방식으로라도 부모님이나 선생님께서 개입해주실 거예요. 아니면, 민지 님만이 아니라 반 친구들 전체가 그 친구를 도와주는 분위기를 만들도록 신경 써주실 거예요.

　민지 님은 일단 그 친구와의 사이에 거리를 두는 것이 좋을 것 같아요. 혹 아픈 친구에게 잘 대해주지 못했다는 마음이 들어서, 스스로를 비난하거나 책망하지는 않기를 바랍니다. 그 친구도 지금은 마음이 아픈 상태라서 그렇게 하는 것이고, 나중에 마음의 상처가 회복되고 나면 오히려 민지 님이 자신으로 인해 괴로워하는 걸 원치 않을 거예요. 민지 님과 잘 지내고 싶었다면 더더욱 그럴 거예요.

　아픈 관계는 때로는 내 마음의 아픈 부분이나 미숙한 점을 발견하는 기회가 되어주기도 합니다. 두 사람 다, 지금은 쉽지 않겠지만 이 관계를 잘 겪어내면서 자신의 내면을 성장시켜 나가는 기회로 삼아보기를 바라요. 깊은 상처만큼 큰 성장통이 있겠지만 그만큼 많이 자라게 될 테니 말이에요. 혜영 님과 민지 님의 마음의 키가 훌쩍 자라는 모습을 진심으로 소망해봅니다.

이성 친구에게 자꾸 집착하게 돼요

저는 중3 여학생입니다. 남친을 사귄 지 6개월 정도 되어가고 있어요. 남친이 제게 무척 잘해줘서 참 좋습니다. 그런데 문제는 제 마음이에요. 그 애가 너무 좋아서 점점 나는 없어지고, 그 애와 함께인 나만 있는 것 같아요. 학교에서도, 학교 끝나고도 그 애랑만 붙어 다녀요. 이제 제 모든 생활 속에 그 애가 있어서 혼자 되는 것이 너무 두려워요. 남친과 같이 있지 않으면 불안해서 계속 톡만 하고 자꾸 집착하게 돼요.

어제 고등학교 배정을 받았는데, 남친이랑 다른 학교에 떨어졌어요. 졸업하고 나서 남친이랑 헤어지게 될까 봐 너무 두려워요. 제가 그 애 없이 혼자 지낼 수 있을까요? 이런 제 마음을 알면 남친이 저를 싫어하지 않을까요? 요즘 저도 모르게 자꾸 그 애 눈치를 보게 돼요. 저 도대체 왜 이러는 걸까요?

- 승현 -

STORY

저는 고2 남학생입니다. 여친 사귀기가 너무 힘들어요. 중1 때 처음 여친을 사귀었는데, 헤어진 후 1년간 힘들었습니다. 그때 살도 30kg 정도 빠졌고요. 그 후로 다시는 여친 같은 거 만들지 않겠다고 다짐했습니다. 하지만 고딩이 된 지도 꽤 됐고, 우리 학교는 남녀공학이라 커플도 많거든요. 이젠 좀 여친이 있었으면 싶은데 여친 사귀기가 쉽지 않습니다.

작년에 몇 번 사귄 적도 있는데, 상처가 남아서인지 사귀어도 한 달도 넘기지 못하고 제가 먼저 헤어지자고 해요. 저 왜 이럴까요? 저도 여친을 사귀고 싶습니다.

- 민수 -

137

사랑은 부정적인 감정을
견뎌내고 넘어서는 감정입니다.

·
·
·

승현 님. 남친을 많이 좋아하는군요. 또 좋아하는 만큼 남친을 잃게 될
까 봐 두려워하고요. 혼자가 될까 봐 두렵지요?

민수 님. 중1 때 여친 때문에 많이 아팠나 봐요. 1년간이나 힘들었고
살도 30kg 정도 빠졌다니 맘고생이 컸나 봐요.

서로 완전히 다른 것 같은 두 사람을 함께 살펴보려는 이유는 둘의 심
리적 어려움이 비슷한 근원이기 때문이에요. 상대를 잃을까 봐 관계에
집착하는 것. 상처받을까 봐 두려워 관계를 맺지 못하는 것. 이 모두가
관계 맺기에 대한 불안감 때문이거든요. 승현 님은 남친을 잃을까 봐 불
안해서 집착하는 것이고 민수 님은 관계에서 또 상처를 받을까 봐 불안
해서 먼저 헤어지자고 하는 것이랍니다.

사랑은 부정적인 감정을 견뎌내고 넘어서는 감정이에요. 불안한 마음,
서운한 마음, 미움, 질투, 화 등이 있어도 그 감정을 넘어서 서로 아끼는
마음이 사랑이에요. 예를 들면, 엄마에게 혼나고 야단맞아도 엄마가 날
떠나지 않고 계속 똑같이 사랑해줄 것이라 믿을 수 있는 상태 같은 것이

지요. 이성 간의 관계도 이와 같아요. 고비가 있고, 불안감이나 화 같은 부정적 감정이 있을지라도 사랑이 그런 감정보다 강하다는 확신이 필요하답니다.

그러나 어떤 이유로든 그 확신이 부족한 사람들은 상대와 친밀해지는 데 어려움을 겪기도 해요. 승현 님과 민수 님은 이런 심리적 어려움이 있어서 이성관계의 문제를 호소하고 있는 것 같아요.

이런 심리적 어려움을 치유하기 위해서는 자신의 상처에 대해 알아야 해요. 그리고 관계에서 불안한 감정을 견뎌보는 과정이 필요하답니다. 승현 님은 오빠와 헤어지게 될까 봐 불안한 마음을 견뎌보고, 민수 님은 새 여친과의 관계에서 생기는 부정적 감정을 견뎌보는 것이지요. 사실 말이 쉬워서 그렇지 부정적 감정을 견디는 일은 매우 어려워요. 두려워서 미칠 것 같고 불안해서 어쩔 바를 모를 수도 있어요. 상담에서도 이 과정은 내담자들이 가장 힘들어하는 부분이랍니다. 그러니 최선을 다해 버텨보세요. '사랑이 부정적 감정을 이긴다'는 말을 계속해서 되뇌어 보세요. 가능하다면 힘든 동안 믿을 만한 친구나 상담자 등에게 마음을 털어놓는 것도 좋아요.

이런 감정을 견뎌내고 다시 편안한 관계가 되어야 사랑이 부정적 감정을 이기고, 넘어서는 감정이라는 확신이 섭니다. 보통은 이 부정적 감정을 이기지 못해 민수 님처럼 헤어지고 만나기를 반복하거나, 상대에게 집착해서 관계가 어려워져요. 그러니 마음의 성장을 위해 견뎌보는 경험에 도전하길 권할게요. 이런 과정은 아는 것만이 아니라, 직접 경험해야 마음이 변화하는 것을 느낄 수 있어요. 그것이 치유의 과정이랍니다.

그럼 둘의 공통 조언은 여기까지 하고, 이제부터는 개별적인 도움을 드릴게요.

승현 님은 불안한 마음을 견뎌봤다면 '그 애 없이 혼자 살 수 없다'란 마음을 살펴보았으면 해요. 아직 자라는 청소년이니 누군가에게 의존하고 싶은 건 당연한 일일 거예요. 하지만 그 정도가 너무 크면 상대방은 힘들 수도 있답니다. 남친도 아직 어른이 아니니까요. 사연에서 '그 애랑 있는 나만 있고, 내가 없다'고 고민하는 걸 보면, 아마도 승현 님도 너무 의존적인 자신을 염려하는지도 모르겠어요. 자신의 삶에 충실하고 홀로 설 수 있는 사람이 함께 사랑하는 관계도 잘 맺을 수 있답니다. 승현 님의 표현을 빌리면, '나'도 있고 '너와 함께인 나'도 있는 상태 즉 '따로 또 같이'가 가능한 상태가 바람직하지요. 즉문즉설(卽問卽說)로 유명한 법륜 스님은 '홀로 있어도 외롭지 않고, 함께 있어도 귀찮지 않을 때'가 결혼에 적합한 때라고 했답니다. 이는 이성관계에도 적용해볼 수 있어요. 물론 이 단계는 많은 시행착오를 겪고 도달할 수 있는 지점이에요. 청소년기는 그럴 수 있는 상태가 아니니 조바심 낼 필요는 없어요. 다만 이 상태가 될 때까지 여러 경험으로 내면을 알고, 성숙시키는 과정이 필요하다는 것을 기억하면 도움이 될 거예요.

혹시라도 불안감을 견디는 과정에서 실제로 남친과 헤어지게 된다면 바로 새로운 남친을 사귀지 말고, 홀로 있는 시간을 가져보았으면 해요. 이 역시 매우 힘든 과정일 거예요. 하지만 주변에 홀로 잘 버티는 친구들과 아픔을 나누거나, 노래방에서 이별 노래들을 고래고래 부르기도 하면서 버텨보세요. 유행가 가사처럼 '헤어져도 밥만 잘 먹고, 죽는 것도 아니다'란 사실을 알게 될 거예요. 슬픔과 우울 같은 정상적인 아픔을 충분히 겪고 나면 내면이 이전보다 훨씬 강해지는 걸 깨닫게 될 거예요.

다음은 민수 님에게 드리는 도움의 말이에요.

중1 때 여친과 헤어진 후 1년을 아프고, 살이 엄청 빠졌다고요. 어쩌면 이미 내면 깊은 곳에 이별이나 거절에 대한 상처가 있을 가능성이 커요. 보통 어린 나이에 헤어짐을 겪으면 조금 아파하거나 약간 낙심한 후에 털어버린답니다. 민수 님의 고통이 이 정도로 큰 이유는 그 밑에 더 큰 상처가 있고, 중1 때 헤어짐이 그 상처를 건드렸기 때문인 것 같아요. 사연만으로는 민수 님에게 어떤 상처가 있는지 알 수가 없어요. 만약 민수 님이 기억 못하는 상처라면 아주 어렸을 때 받은 무의식적인 상처일 수 있다는 것이 심리학자들의 생각입니다. 이 부분의 상처는 34쪽의 서준 님의 예와 일맥상통한 면이 있으니, 참고하면 도움이 되리라 생각해요.

민수 님은 현재 사랑할 때 겪는 부정적 감정들을 감당할 힘이 없어 미리 도망치는 것으로 보여요. 사랑에는 아픔, 분노, 갈등, 질투 등 여러 감정이 들어 있답니다. 이런 감정들을 견뎌내는 경험이 필요해요. 상대에게 좀 싫은 면이 있거나 나를 실망시키더라도, 또는 떠날 것 같은 신호를 보내올 때 "우리가 이런 일로 헤어지진 않을 거야."라고 되뇌어 보세요. 그리고 관계가 지속되리라 믿어보세요. 두렵고 불안한 마음들을 견디기 힘들 수도 있어요. 하지만 그 과정이 지나야 이 부정적 감정들을 뛰어넘어 사랑이 존재함을 알게 됩니다. 그것이 불안감을 극복하는 과정이고, 사랑을 경험하는 과정이랍니다.

승현 님. 민수 님. 제가 선생님이던 시절 그리고 상담가인 지금 이성관계를 맺는 10대와 20대에게 하는 조언은 이것입니다. '10대의 연애는 가볍게, 20대의 연애는 깊게……' 심리학에서는 어린 시절 엄마와의 관계에서 인격이 탄생한다고 봅니다. 20대의 사랑은 이 인격을 구조 조정하는 중요한 전환점이 될 수 있답니다. 따라서 깊이 사랑하고, 깊이 아파하고, 깊이 경험하길 권합니다. 아픈 만큼 성숙할 것이기 때문이지요.

그러나 10대는 내가 미숙하기에 관계도 미숙하답니다. 이 시기의 이성관계는 서로 상처를 주기 쉽고, 이것을 회복하려면 내가 자라는 데 필요한 에너지가 부족해질 수 있어요. 10대는 나의 성장에 에너지를 써야 할 시기랍니다. 이성관계에 깊이 빠져 힘들어하기보다는 가벼운 관계를 통해 자신을 돌아보고 성장시키는 기회로 삼기를 권해요. 가볍게 사귀고, 서로의 성장을 격려하는 친구가 되면 어떨까요? 더 아름다운 미래를 위해 말입니다.

나는 배웠다

샤를르 드 푸코

나는 배웠다.

다른 사람으로 하여금 나를 사랑하게 만들 수 없다는 것을.

내가 할 수 있는 일은 사랑받을 만한 사람이 되는 것뿐임을.

사랑은 사랑하는 사람의 선택에 달린 일.

(중략)

두 사람이 서로 다툰다고 해서

서로 사랑하지 않는 게 아님을 나는 배웠다.

그리고 두 사람이 서로 다투지 않는다고 해서

서로 사랑하는 게 아니라는 것도.

두 사람이 한 가지 사물을 바라보면서도

보는 것은 완전히 다를 수 있음을

나는 배웠다.

나에게도 분노할 권리는 있으나

타인에 대해 몰인정하고 잔인하게 대할 권리는 없음을.

내가 바라는 방식대로 나를 사랑해주지 않는다 해서

내 전부를 다해 사랑하지 않아도 좋다는 것이 아님을.

(중략)

나는 배웠다.
사랑하는 것과 사랑받는 것을.

출처 : 《사랑하라 한번도 상처받지 않은 것처럼》 (류시화 엮음, 오래된 미래)

사랑을 주고받는 관계는 어떻게 해야 맺을 수 있는 걸까요? 시인은 그런 관계 맺기를 위해 '내가 할 수 있는 일은 사랑받을 만한 사람이 되는 것'이라고 말하고 있네요. 사랑받을 만한 사람이 되려면 어떤 노력들이 필요할까요?

좋아하던 오빠와 헤어졌는데
너무 슬퍼서 아무것도 할 수 없어요

저는 고2 여학생입니다. 교회에 좋아하던 오빠가 있어요. 태어나서 처음으로 오빠에게 우리 집 사정 이야기를 다 했는데, 오빠는 말없이 제 말을 잘 들어주고, 저는 그런 오빠가 정말이지 좋았어요. 제 마음을 온전히 이해해주는 그런 느낌이었어요. 마치 6살 때 헤어진 아빠를 다시 만난 것처럼 말이에요. 저는 온 교회에 소문이 날 정도로 오빠를 좋아했어요. 둘이 가끔 만나기도 했고, 오빠가 제 손을 잡아준 적도 있어서 오빠도 저를 좋아한다고만 믿었어요. 그래서 얼마 전에 사귀자고 고백했는데, 오빠는 그냥 후배로 잘해준 것뿐이라고, 넌 아직 어리니 대학생이 되면 더 좋은 사람을 만날 거라고 하더라고요.

그땐 너무 화가 나서 오빠에게 편지도 쓰고, 연락도 끊고, 교회도 안 나가고 했는데, 시간이 갈수록 많이 너무 괴로워요. 슬프기도 하고, 화도 나고, 기운도 없고…… 보란 듯이 공부 잘해서 오빠보다 더 좋은 대학에 가고, 멋진 남자친구도 사귀고 싶은데, 너무 우울해서 아무것도 할 수가 없어요. 너무 슬프고, 속상하고, 괴롭고, 우울하고, 미치겠어요. 저 좀 도와주세요.

- 주희 -

아파하는 시간들을 충분히 겪어내고 나면,
내면이 성장합니다.

주희 님. 마음이 많이 아프지요? 너무 많이 속상하고 우울하군요. 미칠 것 같다니 제 마음도 아프네요. 오빠에게 태어나 처음으로 집 사정 이야기를 다 했다니 남들에게 알리기 불편한 집안 사정이 있나 봅니다. 많이 힘들었겠어요. 그런 힘든 마음을 온전히 이해해주는 느낌이었다니 오빠를 얼마나 좋아했는지 이해가 돼요. 온 교회에 소문이 날 정도로 좋아했다고요? 둘이 가끔 만나고, 오빠가 손을 잡아준 적도 있다니 오빠도 주희 님을 좋아할 거라 생각한 건 당연해 보여요. 주희 님이 화내는 것이 충분히 이해가 됩니다. 좋아한 만큼 아파하는 것도 이해되고요.

그런데 주희 님. 아파하는 주희 님에게 이런 말을 꺼내기 쉽지 않지만, 지금 아픈 것이 이번 헤어짐 때문만이 아닌 걸 주희 님도 어렴풋이 느끼는 것 같아서 도움을 드려 볼까 해요. 아빠와 6살 때 헤어졌고, 오빠를 만날 때 아빠를 다시 만난 것 같았다고 했지요? 6살 때 주희님에게 무슨 일이 있었는지 이 글만으로는 알 수 없어 구체적으로 이야기하기 어려워요. 하지만 제 오랜 경험에 비추어 보면 어릴 때 부모를 잃은 경험이 있으면 그 슬픔이 더 성장하고서 어떤 계기를 통해 터져 나오는 것을 자주 봅니다. 어릴 때 겪는 상실감은 너무 커서 현실로 받아들이기 어렵지요. 우리 무의식은 그런 슬픔과 상실감을 감당할 수 있도록 우리가 성장할 때까지 그 감정이 터져 나오는 것을 기다려주는 신비한 힘이 있답니다.

그럼 헤어짐의 아픔을 어떻게 극복해낼 수 있을까요? 심리학자 엘리자베스 퀴블러 로즈(Elizabeth Kubler-Ross)는 상실(이별)을 받아들이는 과정을 다음과 같이 설명했답니다.

첫째, 이별을 부정하는 단계예요. '오빠가 나에게 그럴 리 없어. 뭔가 사정이 있는 걸 거야.' 식으로 이별이란 상황 자체를 부정하는 거예요.

둘째, 분노의 단계예요. 주희 님이 오빠의 말을 들은 후 너무 화가 나서 오빠에게 편지도 쓰고, 연락도 끊고, 교회도 안 나갔다고 했지요? 그 과정이 분노에 해당해요. 즉, 주희 님의 분노는 마음 상처를 치유하는 자연스런 과정이랍니다. 셋째, 타협의 단계예요. 예를 들면, '그래, 오빠가 헤어지자는 말은 인정해. 하지만 그래도 다시 한 번 좋은 사이가 되도록 노력해볼 수 있지 않을까?' 식으로 이별의 일정 부분을 인정하지만 마음이 아직 정리되지 않은 상태입니다.

넷째, 우울의 단계예요. 아마도 주희 님이 이 과정을 겪는 것으로 보이는데요. 상실(이별)을 받아들이는 것은 매우 힘든 일이랍니다. 상처가 아물기 위해서는 많은 에너지와 시간이 필요해요. 이 시기의 우울은 어쩌면 상처 회복을 위해 많은 에너지가 필요하니 쉬고 자신의 몸을 돌보라는 신호일지도 모른답니다. 엘리자베스 퀴블러 로즈는 "30분 동안 울어야 할 울음을 20분 만에 그치지 마라. 눈물이 전부 빠져나오게 둬라. 그러면 스스로 멈출 것이다."라고 했어요. 즉, 우울의 기간은 슬픔이 전부 빠져나오는 기간이므로 여유를 갖고 기다려주는 것이 필요합니다.

여기서 오해하지 말아야 할 것은 모든 우울감이 다 그렇지는 않다는 거예요. 어떤 종류의 우울감은 치료가 필요합니다. 하지만 주희 님처럼 이별의 상처를 겪고 우울한 것은 정상적인 치유의 과정입니다. 제가 드릴 수 있는 조언은 비록 고2지만, 공부 압력에서 좀 떨어져 잠시라도 느리게 살아보라는 거예요. 사실 고등학생의 부모인 저로서는 이 시기의 공부가 얼마나 중요한지를 잘 알기에, 공부 압력에서 떨어지라는 말을 하기가 정말 쉽지 않아요. 하지만 건강이 있어야 공부도 하고, 마음이 건강해야 몸도 건강할 수 있답니다. 몸이 원하는 것들을 해주세요. 울고 싶으면 울고, 자고 싶으면 자고, 쉬고 싶으면 좀 쉬어보세요. 초콜릿이 당기거나, 고기가 먹고 싶으면 그런 것들도 좀 먹고요. 물론 지나치게 먹어서 건강을 해치는 정도가 아닌 선에서요. 그렇게 슬픔을 표현하고, 몸도 쉬면 어느 순간 우울에서 벗어날 수 있을 거예요.

다섯째는, 수용의 단계랍니다. 결국 이별을 받아들이고, 몸도 마음도 더 단단해진 상태가 되는 것이지요. 누군가와 이별해도 그건 내 가치가 손상되는 일이 아니고, 그가 떠나는 것이 내 삶의 아픔인 것만은 아님을 깨닫게 된답니다. 사랑의 경험으로 나는 성장하고, 아름다운 추억을 갖게 되는 것이지요. 그 이별 경험을 통해 더 좋은 사람을 만날 수 있는 성숙한 내면과 새로운 이성교제의 기회가 생긴답니다. '사랑은 추억이거나 또는 축복'이라는 말처럼 이별한 사랑은 아름다운 추억이 되고, 앞으로의 사랑은 서로 행복해지는 축복이 될 것입니다.

다만 주희 님에게 당부하고픈 말이 있어 한 가지 덧붙이려 합니다. 보란 듯이 공부 잘해서 오빠보다 더 좋은 대학에 가고, 멋진 남자친구도 사귀고 싶다고 했지요? 힘든 가운데서도 그런 열정을 품다니 주희 님의 꿈을 응원합니다. 〈질투는 나의 힘〉이라는 영화 제목처럼 아픔과 상처는 때론 열정의 근원이 됩니다. 분노를 열정의 원천으로 써서 목표에 투자하려는 점에 박수를 보내요.

하지만 새로운 남자친구를 사귀는 것이 과거 상처 때문이라면 결국 본인에게 상처가 될 가능성이 높아요. 새로운 남자친구는 새로운 누군가로 만나는 것이 좋아요. 지금처럼 '오빠 보란 듯이'란 마음이 해결되지 않는다면, 그 감정이 새 남자친구에게 겹쳐질 가능성이 많아요. 그러면 새로운 관계에 해결되지 못한 과거 감정까지 끌어안게 되어 관계가 나빠질 가능성이 높거든요. 상실을 받아들이는 과정을 충분히 거치고, 상처가 아물고, 성장한 후에 누군가를 만났으면 해요. 헤어진 오빠에게 보이기 위해서가 아니라, 스스로 행복하기 위해 누군가를 만났으면 좋겠어요.

상실은 불길을 뚫고 지나가는 것과 같다고 해요. 그 불길 속에서 새롭고 가치 있는 것이 탄생하지요. 주희 님은 아빠와의 이별이라는 큰 상처가 있지요. 어린 시절 부모와의 이별은 아이에겐 감당할 수 없는 상처랍니다. 이번 일은 어쩌면 무의식의 상처를 함께 회복시킬 기회인지도 모릅니다. 다르게 말하면 주희 님이 상처를 받아들일 수 있을 만큼 성장했다는 뜻일 수도 있고요. '아픈 만큼 성숙한다'는 말처럼 이별과 상실들을 겪으며 우리 내면은 더 성장합니다. 지금은 많이 아프겠지만 이 불길이 지난 후엔 상처 대신 빛나는 보석을 갖게 될 주희 님을 기대해봅니다.

관계 맺기를 위한
심리학 교실

3

관계를 맺는 데도

기술이 필요합니다

타인과의 관계,
나의 내면을 비추는 창이다

용서를 받다

박성우

짝이 돈을 잃어버렸다.

몇 번이고 같이 찾아보았지만

잃어버린 돈은 나오지 않았다.

날 의심하는 거야?

너 아니면 가져갈 사람이 없잖아!

짝이 엉뚱하게도 나를 의심했다.

아니라고 부정할수록 자존심만 구겨졌다.

하늘이 백 조각 나도 나는 결백하다.

기어이 교무실까지 불려 가고 말았다.

담임 선생님도 나를 의심하는 눈치였다.

끝까지 아니라고 했지만

이번 한 번만 그냥 넘어가준다며

너그럽게 다그쳤다.

몸이 부들부들 떨려 왔고

이를 앙다물고 참아도 눈물이 났다.

내 짝은 우리 반 일등에다가

모든 선생님께 예쁨을 받는 애니까.

어이없게도 나는

아무 잘못도 없이 용서를 받았다.

　박성우 시인의 《난 빨강》(창비)이란 시집에 나온 '용서를 받다'라는 시예요. 읽다 보면 '정말 억울했겠다. 어떻게 이런 일이 있을 수가?' 싶지만 실제 이런 일을 겪은 내담자가 있었어요.

유정이는 초등학교 1학년 때 억울한 누명을 쓰고, 반 아이들 앞에서 공개적으로 반성할 때까지 담임 선생님께 혼이 났어요. 끝까지 결백을 주장했지만 그 일 이후 반성할 줄 모르는 아이라며 왕따를 당했지요. 얼마 후 유정이는 전학을 갔고 안정을 되찾은 듯했으나 선생님과 친구관계에서 억울함과 분노를 자주 느꼈어요. 그리고 중1, 고1처럼 신학기가 시작되고 새로운 환경을 만날 때마다 친구관계, 선생님과의 관계에 대한 두려움에 힘들어 했어요.

심리학에서 말하는 심리적 상처에는 A형 상처와 B형 상처가 있어요. A형은 영어의 absence, 우리말로 하면 결핍을 뜻하는 상처예요. 사람은 어린 시절 부모에게 꼭 받아야 하는 사랑의 부분들이 있어요. 예를 들면 안정감, 균형 잡힌 허용과 보호, 정서적 지지, 위로, 돌봄 같은 것들인데요. 부모님이 최선을 다해 사랑해도 때론 힘든 상황이나 부모 자신의 상처 등으로 인해 아이가 이런 것들을 충분히 못 받을 수도 있어요. 그런 결핍이 마음에 상처로 남으면 무의식적으로 그것을 회복시키고 싶어 하지요. 그 결과 무의식이 삶 속에 어려움을 반복적으로 만들어낸답니다. 이런 것을 심리학에서는 '미해결 과제'라고 하는데, 이것의 원인이 되는 상처를 A형 상처라고 해요.

반면, B형 상처는 영어의 bad things, 우리말로 하면 나쁜 일을 의미하는 상처예요. 앞서 인용한 시(詩) 속의 화자나, 유정이처럼 겪지 말았으면 좋았을 일을 겪는 경우에 해당해요. 억울하고 분하지만 세상엔 이런 일도 제법 있어요. 안타깝게도 살다 보면, 누구나 한 번쯤은 이런 일을 겪을 수도 있답니다. 이런 상처를 B형 상처라고 해요.

유정이처럼 대인관계에 어려움이 반복될 때는 마음속 상처가 원인인 경우가 많아요. 그럴 때는 많이 아프겠지만 과거의 경험을 떠올려 그때의 아픈 감정을 해소하는 것이 중요해요.

심리학에서는 대인관계의 장애물이 대부분 내 맘속에 있다고 말해요. 내 맘속 상처로 인해 관계에서 힘든 부분이 생기거나 커질 수 있다는 것이죠. 그런데 실제로 장애물은 존재하지 않아요. 어떤 나쁜 사건이나 상황도 내 존재 자체에는 털끝만큼도 상처를 줄 수 없거든요. 그저 나 스스로 그런 장애물이 있다고 여기고, 알게 모르게 영향 받고 있을 뿐이랍니다. 그것을 깨달을 수 있으면, 그래서 그것을 스스로 치울 수 있다면 그 과정이 바로 치유예요. 어떤 나쁜 일도, 어떤 아픈 경험도 내가 허락하지 않는 한 내 삶에 영향을 줄 수 없거든요. 하지만 그 사실을 알아채지 못하면 그 상처에 자꾸 부딪히고 부정적 영향을 받게 됩니다. 따라서 상처받은 나의 부분을 모른 척하거나 숨기지 말고, 알아봐주고, 사랑해주는 것이 매우 중요하답니다. 사랑은 가장 강력한 '치료제'거든요. 상담은 나의 내면 사랑하기를 함께 도와주는 과정이에요. 그래서 관계에서 어려움이 반복되면, 상담의 도움을 받아보는 것도 좋아요.

하지만 상담을 받기 어렵더라도 스스로 자신을 도와줄 수 있어요. 제가 지금부터 그 방법을 소개할게요. 앞서처럼 과거 마음속 상처를 알아차렸다면 조용한 곳에서 혼자 구체적으로 떠올리고 생생히 기록해보세요. 그러다 보면 그때의 감정이 떠올라 울거나 화날 수도 있어요. 그러면 묵은 감정을 느끼고 글로 적거나 울면서 표현하고 흘려보내세요. 그렇게 묵은 감정을 흘려보내고 나면 마음이 시원해지고 가벼워지는 느낌이 들니다.

그런 다음엔 앞으로 나올 대인관계에 필요한 지식을 배우고 계속 적용해보세요. 이 과정에서는 좌절하거나 실망하지 않고 계속 도전하는 것이 핵심이에요. 처음부터 대인관계에 유능한 사람은 없거든요. 대인관계가 원만하고 성숙한 이들은 부단히 관심을 갖고 시간을 들여 노력한 사람들이랍니다. 이처럼 타인과의 관계에서 반복되는 어려움은 내 마음속 상처를 알려주는 신호 역할을 해요. 그래서 타인과의 관계는 나의 내면을 들여다보는 창이라고도 한답니다.

그런데 앞의 예처럼 B형 상처는 비교적 인지하기 쉬운 반면 A형 상처는 대체로 인지하기가 어려워요. 왜냐하면 어린 시절의 양육과 관련된 게 많고 어떤 부분이 결핍되었는지 잘 드러나지 않기 때문이에요. 물론 스스로 결핍을 깨달을 수 있다면 좋겠지만, 잘 떠오르지 않는다면 이런 방법을 추천해요.

자기 성격의 장점, 단점, 성격 특성을 각각 15가지 정도 써보는 거예요. 그리고 전체 45가지에 대한 영향 요인도 함께 적어보세요. 엄마의 영향인지, 아빠의 영향인지, 아님 나 자신으로 인한 영향인지 적어보는 거예요. 이것을 적다 보면 자기 이해가 높아지고, 대인관계의 어려움이 자신의 어떤 부분과 관련 있는지 알아차리는 데 도움이 됩니다.

나에 대해 적은 내용이 다른 사람의 의견과 일치하는지를 물어볼 수 있으면 매우 좋아요. 왜냐하면 내가 생각하는 나와, 남이 생각하는 내가 다를 수 있거든요. 그 사이의 간격이 작을수록 나에 대한 이해가 높은 거예요. 반대로 그 사이의 간격이 크면 나에 대한 이해가 낮다고 볼 수 있어요. '지피지기 백전백승(知彼知己 百戰百勝)'이란 말이 있어요. 상대를 알고, 나를 알면 백 번 싸워도 이긴다는 뜻이지요. 자기에 대한 이해가 높으면 갈등을 합리적으로 해결하고 대인관계를 원만하고 성숙하게 맺을 힘이 커지는 거랍니다.

마음속 상처도 방치하면 몸의 상처처럼 곪거나 흉터가 돼요. 그래서 관계에 어려움을 만들기 쉽지요. 하지만 잘 돌보고 치유하면 자신과 타인을 이해하는 강력한 심리 에너지가 된답니다. '비 온 뒤 땅이 굳는다'는 말처럼요.

사람은 누구나 실수하고, 그래서 상처를 줄 수도, 상처를 받을 수도 있어요. 더불어 살아가기 위해서는 나와 타인의 실수를 끊임없이 용서하고, 천만 번 이해하는 것이 필요하답니다. 그런 다음엔 가슴을 열어 나를 사랑하고, 나를 사랑하듯 타인을 사랑하세요. 이것이 진정한 치유와 관계 맺기의 비결이랍니다.

관계 맺기는 '말하기'보다 '듣기'가 더 중요하다

대인관계는 서로의 생각과 감정을 주고받으며 맺어져요. 그런데 원만하고 친밀한 관계를 위해서는 자기 생각을 적절히 말하는 것도 중요하지만, 상대의 말을 잘 듣고 공감하는 것이 더 중요하답니다. 좀 더 정확히 말하면 말귀(말의 속 뜻)를 알아듣고, 상대방의 심정을 이해한 후 그 상태를 상대에게 적절히 표현해주는 것이 중요해요.

생각해보세요. 누군가 내 말을 잘 들어주고, 내 마음같이 나를 이해하는 사람이 있다면? 그 사람과 친해지고 싶겠죠? 사람들은 자신의 말을 잘 들어주는 사람을 좋아하고 그런 사람들과 대화하고 싶어해요. 그것이 저와 같은 상담자나 정신과 의사들이 사람과 관계 맺기를 시작하는 방법이며, 사람들이 저와 같은 직업의 사람들을 좋아하는 이유랍니다. 그럼 지금부터 '듣기'를 잘하는 구체적 방법을 소개할게요.

'듣기'를 잘하기 위해서는 첫째, 상대의 말을 존중하는 마음가짐이 우선이에요.

모든 행동은 마음에서 우러나요. 마음 깊이 상대를 존중하고 상대의 말에 귀 기울이려 노력한다면 그것이 태도에도 나타나요. 상대의 말에 집중하고, 되도록 중간에 끊지 않으며, 상대의 말에 고개를 끄덕이거나 몸을 기울이는 등의 모습이 나오게 되지요. 마음가짐과 달리, 자세나 태도 때문에 오해 받는 편이라면 자신의 모습을 이렇게 해보는 것도 좋아요. 마음은 상대를 존중하는데, 이야기를 들을 때마다 하품하거나, 말을 끊거나, 경직된 표정으로 대하면 마음이 전해지기 어려울 수 있거든요.

둘째, 상대방의 이야기에 주의를 기울이며 묵묵히 듣는 것이에요. 이를 심리학에서는 '소극적 경청(passive listening)'이라고 해요. 상대방이 말하는 것을 그냥 그대로 들어주는 것이죠. 사실 이 방법을 실제로 적용해보려 하면 쉽지 않아요. 왜냐하면 사람들은 누구나 중간 중간 끼어들어 자신의 이야기를 하고 싶어 하거든요. 그래서 이렇게 상대방의 이야기를 들으려면 내 말을 잠시 접고 상대를 기다릴 줄 아는 미덕이 필요해요. 기다림엔 '너의 이야기를 듣고 싶고, 너의 마음을 알고 싶어'라는 무언의 메시지가 들어 있거든요. 관계 맺기를 위한 중요한 덕목 중 하나는 기다림이랍니다.

셋째, 상대방 이야기의 내용은 물론 감정에 귀 기울이며, 속뜻을 알아듣고, 피드백해주며 듣는 것이에요. 이것을 심리학에서는 '적극적 경청(active listening)'이라고 해요. 이것은 소극적 경청과 달리, 듣는 사람의 적극적인 참여가 중요해요. 예를 들면, 말하는 중간 중간에 "그래.", "응.", "맞아.", "그렇구나." 같은 맞장구를 치며 듣는 거예요. 또 "그래서?", "그 부분이 무슨 뜻이야?"처럼 잘 이해되지 않는 부분에 대해서는 질문도 해가며 자세히 듣는 거지요. 이때의 핵심은 상대의 감정에 초점을 두고 듣는 거예요. 관계 맺기는 생각보다 감정과 관계가 깊거든요. 생각은 달라도 친해질 수 있지만, 서로 감정을 나누지 못하면 친밀한 관계는 어렵기 때문이에요.

그러면 감정을 듣고 피드백하는 예를 들어볼게요. 친구가 "우리 집에 바로 가지 말고 PC방에 갈래? 나 성적 나왔는데, 완전 꽝이야."라고 말한 경우를 생각해봐요. 그럴 때 "그래." 또는 "싫어." 등으로 반응할 수 있어요. 하지만 상대의 말을 집중해서 들으면 "너 집에 가기 싫구나."라고 감정을 헤아려주는 반응을 할 수도 있어요. 그러면 친구가 "응." 또는 "아니."라고 대답하며 다른 대화로 이어질 수 있겠지요. 이처럼 말속의 감정을 듣고 피드백해주면 내가 네 속마음을 알아들었다는 의미도 전해져요. 그래서 대화를 더 하고 싶고, 마음을 나누고 싶어지지요.

정리하면, 상대의 이야기 속 감정을 잘 듣고, '나'가 아닌 '너'를 주어로 하여 "너는 (~한 감정)을 느끼는구나."라고 피드백해주는 것이 적극적 듣기의 핵심 요소예요. 이렇게 하면 형식은 친구와 내가 번갈아 말하는 것 같지만, 주어는 계속 '너'이기 때문에 상대 친구가 계속 이야기하는 깃 같은 효과가 있어요. 즉, 친구가 편안하게 이야기할 수 있게 도우며, 이야기를 잘 듣게 되는 것이지요. 이렇게 말의 감정, 또는 속뜻을 알아듣는 것을 우리 문화에서는 '말귀를 잘 알아듣는다'고 표현해요. 예로부터 우리는 관계가 좋은 사람의 중요 요소로 말귀를 잘 알아듣는 것을 꼽았답니다.

그런데 때론 상대방의 말이 귀에 거슬리고 나쁘게 들릴 수도 있어요.

그럴 땐 숨을 한 번 크게 쉬고 마음속으로 '이건 착각이야!'라고 외쳐보세요. 왜냐하면 내게 마음을 읽는 초능력이 있지 않는 한 상대방의 마음이 나쁜지 좋은지는 알 수 없는 것이거든요. 오히려 알고 보면 말의 속뜻은 다 '사랑'이랍니다. 그러니 말뜻이 명백히 나쁜 것임을 알기 전까지는 상대의 마음을 좋은 뜻으로 여겨보세요. 우리말에 '개똥같이 말해도 찰떡같이 알아들어라.'란 말이 그런 뜻이랍니다.

넷째, 상대의 말에 대한 나의 이해를 전달하는 것이에요. 이 단계는 앞의 세 단계를 총합해 상대에게 전달하는 것이랍니다. 즉, 상대를 존중하는 마음으로 말의 내용과 감정을 헤아려 들은 후, 상대의 입장을 함께 느끼며, 내가 느낀 바를 상대에게 전달하는 거예요. 이렇게 상대방의 이야기를 듣고, 그 감정을 함께 느끼며 적절히 반응하는 능력을 심리학에서는 '공감'이라고 해요. 적극적 경청의 '감정 듣기'도 공감의 일부예요. 공감 능력을 높이려면 상대의 입장에서 듣는 훈련을 해보면 좋아요. 상대방이 말하는 상황 속에 내가 함께 있는 것처럼 생각하는 것이지요. 그러면 상대방의 감정을 느끼고, 동시에 느낀 바를 전달하기가 쉬울 거예요.

예를 들어, 앞의 PC방 가자는 친구 이야기를 계속해볼게요.

A   우리 집에 바로 가지 말고, PC방 갈래? 나 성적 나왔는데, 완전 꽝이야.

B   (너) 집에 가기 싫구나.

A   응. 나 집에 가면 엄마한테 죽을 거야.

B   너희 엄마 무서우시구나?

A 응. 짱 무서워. 학원도 열심히 다니고 공부도 쫌 했는데… 엄만 무조건 혼만 내고….

B 그렇구나. (너도) 노력했는데 엄마가 인정을 안 해주셔서 속상하구나.

여기서 B의 모든 반응이 '감정 듣기'와 '공감'의 반응이에요. 특히, 마지막 B의 반응은 A가 말하지 않은 속뜻, 즉 노력을 인정받고 싶었던 마음을 헤아려준 것을 볼 수 있어요. 이 정도의 반응을 '공감'이라고 하고, 이렇게 듣는 걸 말귀를 알아듣는다고 한답니다.

내가 B와 함께 이야기하고 있다고 생각해보세요. 더 이야기하고 싶은 마음이 들겠지요? 그래서 관계 맺기에는 '말하기'보다 '듣기'가 더 중요하답니다. 그런데 이렇게 '적극적 듣기'와 '공감'을 할 때 주의할 점이 있어요. 하나는 상대를 섣불리 평가하거나, 판단하거나, 조언하지 않는 것이에요. 보통 평가, 판단, 조언은 윗사람이 아랫사람에 대해 하지요. 따라서 관계에서 이런 말들을 하면 나는 윗사람, 너는 아랫사람이란 느낌을 줄 수 있어요. 또 심하면 '너는 틀리고, 나는 옳다'란 메시지가 되기도 해요. 비록 좋은 뜻이어도 상대의 기분을 상하게 할 수 있답니다.

물론 진심이 담긴 조언은 쓴 약처럼, 매우 도움이 되는 '충언(忠言)'이 됩니다. 그 정도의 진심과 기다림이 담긴 말은 전해질 확률이 크거든요. 여기서 말하는 주의는 일반적인 상황과 관계를 전제로 하는 것이랍니다.

또 하나 주의할 점은 말귀를 잘 알아듣되, 자신의 심지를 굳건하게 하는 것이에요. 어떤 이들을 보면 상대의 말에 너무 귀 기울이다가 자기 의견을 주장하지 못해 힘들어해요. 말귀를 알아듣는 것과 상대의 말을 무조건 들어주는 것은 다른 거예요. 남의 말만큼 나의 말도 소중히 여겨주세요. 그래서 둘 사이의 균형점을 찾아보세요. 마음이 열리며 함께하는 기쁨을 누릴 수 있을 거예요.

호감을 표현하려면
생각보다 느낌을 표현해보자

관계란 나와 너의 만남으로 이루어져요. '듣기'가 너에 대해 아는 과정이라면 '말하기'는 나를 보여주는 과정이지요. 그런데 '말은 오해의 근원'이라는 말처럼, 내 마음을 정확히 말로 전하기는 쉽지 않답니다. 그래서 말하기 역시 배움과 연습이 필요해요.

관계 맺기를 위한 '말하기'는 상대에게 호감을 표현할 때와 자기 공개를 할 때 주의해야 해요. 섬세한 과정을 잘 따라가지 못하면 마음과 달리 자칫 오해가 생길 수 있거든요. 지금부터 이 두 경우에 대한 '말하기' 방법을 살펴볼게요.

먼저 호감을 표현하는 방법이에요.

호감을 표현하기 위해서는 '듣기'와 마찬가지로 첫째, 진실한 마음가짐이 우선이에요. 진실된 마음은 천 마디 말보다도 힘이 있거든요. 상대를 향한 호감은 말하지 않아도 표정이나 몸짓, 시선 등으로 먼저 전해져요. 그래서 말하기 전에 내 마음을 돌아보는 것이 중요해요. 그런데 때론 상대방을 도통 긍정적으로 볼 수 없어 힘들어하는 사람들도 있어요. '사람이 싫다'고 말하는 상처받은 사람들이죠. 그러나 사람은 모두 긍정적인 면과 부정적인 면이 있답니다. 관계를 맺으려면 내가 먼저 남의 긍정적인 면을 보려는 노력이 필요해요. 내가 상대를 좋아하면 상대도 나를 좋아할 확률이 높아지니까요.

둘째는 호감을 표현하는 것에 대한 비합리적 사고를 바로잡는 것이에요. 상대에게 긍정적인 감정을 표현하는 것을 아첨이나 아부 따위로 여기는 사람들도 있어요. 그 생각을 들여다보면 '그런 말을 하는 사람의 속마음은 겉과 다를 것이다'란 추측이 전제되어 있지요. 하지만 사람의 속마음은 알 수 없어요. 그건 마치 초능력처럼 내가 남의 마음을 읽었다고 여기는 '인지적 오류'일 뿐이랍니다.

오히려 상대에게 긍정적인 감정을 표현하는 건 자기 감정을 솔직히 드러내는 매우 용기있고 성숙한 행동이에요. 또, 나를 표현하고 싶은 욕구를 드러내는 자연스런 행동이랍니다. 그러니 이 합리적 생각을 자신에게도 적용하는 것이 필요해요. 호감을 표현하고 싶을 때는 자신의 마음을 자연스럽게 여기세요. 그 마음을 아부나 아첨이라고 평가 절하하지 않았으면 해요.

셋째는 상대가 나의 말을 들을 수 있는 상태인지 관찰하는 것이에요.

말은 때론 오해를 일으킬 수 있고, 상대가 듣지 않는 말은 대화가 아니라 혼잣말이 되어버린답니다. 상대가 화나 있거나, 다른 일로 마음에 여유가 없을 때는 내 이야기가 들리지 않을 수도 있어요. 또 관계가 무르익지 않았는데, 일방적으로 나의 마음을 무조건 받아달라고 하면, 부담스러워할 수도 있고요. 관심 있게 상대를 관찰하다 보면 언제 상대가 들을 수 있는지 알 수 있어요. 그때가 바로 말을 전할 적기랍니다.

넷째, 상대에게 호감을 표현하려면 생각, 판단보다는 느낌을 표현하는 편이 효과적이예요. 예를 들면 "너 참 착한 것 같아."보다는 "너 참 따뜻하게 느껴져."가 더 친근해요. 앞서도 말했지만, 관계는 생각보다는 감정이 통하는 것이 중요해요. 또한 판단하는 말은 자칫 오해를 부를 수 있거든요. 호감을 전할 때 구체적인 이유도 함께 말하면 더 좋아요. 예를 들면, "아플 때 전화해줘서 참 마음이 따뜻했어." 식으로요. 사람들은 막연한 칭찬은 부담스러워하지만, 구체적인 행동에 대한 긍정적 감정은 비교적 쉽게 받아들이거든요.

다섯째, 선물이나 도움 주기, 밥이나 간식 사기 같은 행동을 함께하면 좋아요. 때론 말보다 행동이 더 영향력 있기 때문이에요. 관계는 상호적인 것이에요. 부담스럽지 않은 수준에서 호감과 행동을 함께 표현하면 친해지는 데 도움이 될 수 있을 거예요.

다음은 자기를 공개하는 방법을 살펴볼게요.

어떤 사람들은 자기 공개를 꺼려 해요. 비난받거나 배척당할까 봐 두렵기 때문이지요. 하지만 자기를 공개하는 건 관계에 있어 촉매제와 같답니다. 관계 초기엔 소개의 의미가 되고, 관계가 진행되면서 친밀감을 쌓아가는 관문으로 자기 공개는 필요하지요. 다만 자기를 공개하는 과정은 매우 섬세하고 겉으로 드러나지 않는 상호 규칙이 많아서 주의가 필요해요. 지금부터 그 내용을 설명할게요.

첫째는 있는 그대로의 자신을 소중히 여기는 태도를 갖는 것이에요.

있는 그대로의 자신을 부끄러워하는 사람은 자신을 숨기려 하는 경향이 있어요. 내가 어떤 일을 겪었든, 어떤 면이 있든, 존재 자체가 귀하다는 건 진실이랍니다. 종교에서는 인간이 신(神)의 형상대로 만들어졌다고 해요. 그만큼 인간은 존재 자체만으로도 소중하다는 뜻이랍니다.

둘째, 관계의 정도에 따라 적절한 수준을 공개해보세요. 처음 만나거나 만난 지 얼마 안 된 사이에는 이름이나 취미 같은 가벼운 공적 정보를 공개하면 좋아요. 만난 지 얼마 되지 않았는데, 너무 사적인 이야기나 비밀 등을 털어놓으면 부담스럽거나 불편해질 수 있거든요. 하지만 만남이 꽤 지속되었다면 속마음, 즉 감정을 말하고 나누는 과정이 필요해요. 서로 통한다는 느낌이 있으면 친밀감이 커지니까요.

셋째는 서로 공개하는 정보나 수준을 비슷하고 적절하게 하는 것이에요. 이것이 사실 가장 중요하다고 할 수 있는데요. 만남이 초기일수록 정보 공개에 신경을 쓸 필요가 있어요. 너무 빨리 자기를 많이 내보이면 상대가 부담스러워하거나, 불편해할 수도 있거든요. 서로 비슷하게 수준을 맞추는 것이 좋아요. 질문을 받았다면, 같은 질문을 상대에게 해보는 것도 좋아요. 서로 같은 수준으로 번갈아 공개하는 것이지요. 그런데 만약 내가 먼저 공개했는데, 상대는 하지 않는다면 더는 공개하지 않고 기다려 보는 것도 좋아요. 상대가 아직 시간이 더 필요한 상태일지도 모르니까요. 상대의 반응이 나와 비슷하지 않을 때는 일관되게 만남을 지속하고 기다리는 지혜가 필요해요. 사람들은 보통 내 이야기를 귀담아 들어주고, 내 편을 들어줄 만한 사람에게 자기 이야기를 하거든요. 그런 관계가 되기 위해서는 시간과 노력이 필요하답니다.

넷째는 친해지고, 믿을 만하다는 느낌이 있을 땐 더 깊게 자기 공개를 해보는 거예요. 우리는 대체로 자기 공개를 두려워하는데, 그것은 상대의 반응을 알 수 없기 때문이에요. 오히려 이야기를 잘 들어주고 공감해주는 사람이 있다면 나의 약점이나 비밀 등을 털어놓고 이해받고 싶지요. '임금님 귀는 당나귀 귀'라는 동화에서 볼 수 있듯, 사람들은 어디든 마음을 털어놓고 홀가분해지고 싶어 한답니다.

하지만 두려움과 불신이 깊은 사람은 친해져도 자기 공개를 어려워해요. 이럴 때는 적당히 친해졌고 믿을 만하다 싶은 사람이 있을 때, 자기 공개를 해보는 용기를 내보면 좋아요. 막상 약점이나 드러내기 어려운 부분을 이야기해보면, 부정적 반응보다 긍정적 반응을 접하는 경우가 많거든요. 입장을 바꿔 생각해보세요. 누군가 마음이 아프거나 힘든 걸 털어놓았을 때, 이해해주고 함께해주고 싶은 마음이 들게 되지요? 그런 마음이 있을 때 우리는 통하는 느낌을 받고, 관계가 깊어지고 돈독해지는 걸 경험할 수 있답니다.

하지만 아무리 이런 지식들을 알아도 자기 공개를 하다 보면, 상처를 받는 일이 있을 수 있어요. 그것은 우리 모두 완벽한 존재가 아닌 인간이기 때문이에요. 하지만 동시에 우리는 인간이기에 더 발전할 수 있고, 인간다움을 이해할 수도 있어요. 두렵고 마음이 아프더라도 지나간 일은 용서하고, 마음을 열어 다시금 관계 맺는 일에 도전해보세요. 내가 마음을 열어야 상대도 나를 향해 마음을 열 수 있으니까요.

어린 왕자와 여우 – 길들이기

지구에 막 도착한 어린 왕자에게 여우가 인사를 건넸다. "안녕."

"안녕. 넌 누구니? 참 이쁘구나." 어린 왕자가 말했다.

"난 여우야."

"이리 와서 함께 놀자. 난 아주 우울해."

"난 너와 함께 놀 수 없어. 나는 길들여지지 않았으니까."

"난 친구를 찾고 있어. 그런데 '길들인다'는 게 뭐니?"

"그건 너무 쉽게 무시되고 있는 행위야. 그건 관계를 맺는다는 뜻이야."
여우가 대답했다.

"관계를 맺는다고?"

"응. 넌 아직 나에겐 수많은 소년들과 다를 바 없는 한 소년에 지나지 않아. 그래서 난 너를 필요로 하지 않고, 너에게 나는 수많은 다른 여우와 같은 여우 한 마리에 지나지 않아. 하지만 네가 나를 길들인다면 우리는 서로 필요한 존재가 되는 거야. 나에게 너는 세상에서 유일한 존재가 되고, 너에게 나는 세상에서 유일한 존재가 되는 거야."

(중략)

여우는 오랫동안 어린 왕자를 응시하더니 말했다.

"부탁이야… 나를 길들여줘."

"그래, 하지만 내겐 시간이 많지 않아. 친구들을 찾아내야 하고 알아야 할 일도 많아." 어린 왕자가 대답했다.

여우는 힘없이 말했다.

"사람들은 이제 어떤 것도 알 시간이 없어졌어. 그들은 상점에서 이미 만들어진 것을 사거든. 그런데 우정을 살 수 있는 상점은 없으니까 사람들은 이제 친구가 없는 거지. 친구를 갖고 싶다면 나를 길들여줘."

"너를 길들이려면 어떻게 해야 하지?"

"참을성이 있어야 해. 우선 내게서 좀 떨어져서 그렇게 풀숲에 앉아 있어. 난 너를 흘끗 쳐다볼 거야. 넌 아무 말도 하지 마. 말은 오해의 근원이지. 날마다 넌 조금씩 내게 더 가까이 앉을 수 있을 거야."

(중략)

어린 왕자는 여우한테 다시 와서 작별인사를 했다. "안녕."

"안녕. 이제 내 비밀을 가르쳐줄게. 아주 단순한 비밀이야. 그건 세상을 잘 보려면 마음으로 봐야만 잘 볼 수 있다는 거야. 가장 중요한 건 눈에 보이지 않는단다."

"가장 중요한 건 눈에는 보이지 않는다."

잊지 않기 위해 어린 왕자가 반복해 말했다.

"너의 장미를 그토록 소중하게 만든 건 그 꽃을 위해 네가 소비한 그 시간이란다."

"내가 내 장미를 위해 소비한 시간."

어린 왕자는 잘 기억하기 위해 되풀이해서 말했다.

생떽쥐페리의 《어린 왕자》 중 한 부분이에요. 관계 맺기의 중요한 원리를 아름답게 소개하고 있지요. 참을성. 오해를 만들 수 있는 말. 시간을 두고 서로 조금씩 가까워지기. 마음으로 보기. 함께한 시간 쌓아가기. 우리도 아름다운 길들이기를 시작해볼까요?

갈등을 해결하는 데는
Win-Win 방법을 찾자

관계를 맺다 보면 갈등은 언제나 생기기 마련이에요. 갈등을 어떻게 해결하느냐에 따라 관계의 양과 질이 변하기도 하지요. 지금부터는 이런 갈등을 해결하는 방법을 소개할게요. 이 부분은 2장의 화(火)에 대처하는 방법과 겹치는 내용이 많으니 참고하길 바랍니다. 2장의 화에 대처하는 방법이 '내 입장에서 갈등을 해결하는 방법'이라면, 이 부분은 '함께 해결하는 방법'에 가까워요. 다음은 A와 B가 갈등하는 상황이에요.

'A와 B는 같은 배드민턴 동아리의 임원이다. A와 B는 잦은 뒤풀이 모임으로 인해 갈등하고 있다. A는 건강 관리와 운동을 위한 모임이니 정모(정기모임) 후 뒤풀이를 자제해야 한다는 입장이다. 반면 B는 배드민턴 동아리도 동아리이니만큼 자주 뒤풀이 자리를 마련해 친목을 도모하는 것이 우선이라는 입장이다.'

갈등을 해결하는 방법의 **첫째는 관계에서 떠나기**예요.

친구끼리 흔히 쓰는 말로는 '절교'라고 하죠. 같은 동아리에 있어도 공적인 일만 함께하고 개인적인 관계를 접는 방법이에요. 심한 경우, 동호회를 탈퇴하는 것도 하나의 방법이 될 수 있지요. 어떻게 보면 가장 빠르게 갈등이 해결되는 듯 보일 수 있어요. 갈등 수준이 심각하고 내 삶이 많이 힘들다면 이것도 하나의 해결 방법이에요. 그러나 이렇게 하면 갈등을 해결하는 기쁨이나, 갈등을 넘어선 친밀감을 맛보기 어렵답니다. 또, 갈등을 견뎌낼 힘이 부족해 내면이 성장할 기회를 잃는 셈이니, 신중하게 선택해야 해요.

둘째는 소극적으로 해결을 기다리기예요.

갈등을 해결하려는 대응은 아무것도 하지 않고, 그냥 시간이 흐르도록 두는 방법이에요. 때론 시간이 지나는 동안 외부 요인 등으로 드물지만 갈등이 해결되는 경우도 있어요. 그러나 이렇게 갈등을 마음속에 꾹 누르고 소극적으로 기다리면, 겉으로는 조용할지 몰라도 불만이 쌓여 관계가 더 나빠질 가능성이 크답니다.

셋째는, 서로 대결하기예요.

흔히 하는 말로 싸워보는 것이죠. 이 방법의 이면에는 '나는 옳고, 너는 틀리다'란 메시지가 있어요. 그렇기에 서로 자기주장을 굽히지 않게 되지요. 때론 이기기 위해 상대를 비난하는데, 이렇게 감정적이고 폭력적으로 변질되면 관계가 악화됩니다. 흔한 말로 원수가 되는 거죠. 하지만 '싸우다 정든다'고 폭력적으로 치닫지 않는다면, 서로에 대한 이해가 깊어지기도 한답니다. 싸우는 동안 감정이 풀어지고, 상대의 마음이 보이면서 그 생각도 이해가 되는 것이지요. 이 방법은 양날의 칼과 같아요.

서로 크게 상처를 줄 수도 있으니까요. 신중하게 선택해야 하는 방법이에요.

넷째는, 성숙하게 기다리기예요.

이는 화에 대처하는 방법 중 성숙하게 내적으로 해결하는 방법과 일맥상통하니, 106쪽을 참고하길 바라요. 갈등이란 서로 의견이 틀려서 다투는 상황을 말해요. 하지만 세상일은 알고 보면 서로 옳고 그름이 없답니다. 다만 각자의 입장에서 옳다고 믿고 주장할 뿐이지요. 그러니 '상대의 입장에서는 그럴 수도 있겠다'는 생각을 해보면 서로 이해하는 마음이 생길 수 있어요. 그 상태에서 기다리면 상대도 나를 이해하는 때가 오기도 하지요.

이 사례 속 갈등도 살펴보면 A, B 모두 일리 있는 주장임을 알 수 있어요. 모임 초기엔 친목도모를 위해 뒤풀이가 도움이 될 수도 있어요. 또, 시간이 지나면 저절로 동아리 구성원들이 뒤풀이를 자주 할지, 아님 운동만으로 만족할지 자연스럽게 알게 될지 몰라요. 이때 서로 이해하는 마음이 있다면 각자의 주장을 조금씩 참으며 기다리는 것도 성숙한 해결법이 됩니다. 다만 이 방법은 갈등을 억누르며 참는 것과는 달라요. 내면의 변화가 크게 다르게 일어나니 주의가 필요해요.

갈등의 해결법엔 한 가지 정답만 있는 것이 아니에요. 때마다 적절한 방법이 다르지요. 삶은 과정이고, 갈등 해결법도 시행착오를 겪으며 적절한 방법을 찾아가는 과정이랍니다.

다섯째는 문제 중심으로 적극적인 해결책을 찾아보기예요.

갈등이 있을 때 감정적으로 대처하지 않고 문제 중심으로 해결책을 찾기 위해 노력하는 방법이지요. 이것은 심리학의 추천방법이에요.

이렇게 갈등을 적극적으로 해결하려면 ❶ 효과적인 의사표현이 매우 중요해요. "~때문에 나는 (~한 감정)이야. 그래서 ~했으면 좋겠어."라고 말하는 거예요. 이렇게 자신의 주장을 효과적으로 전달하였다면 ❷ 그 다음은 상대의 말을 '역지사지(易地思之)'의 태도로 듣는 거예요. 내 입장에서는 받아들이기 어려워도 입장을 바꾸면 이해되는 일도 많기 때문이지요. 이렇게 서로의 주장을 다 이야기한 후에도 이해가 되지 않고, 입장 차이가 좁혀지지 않는다면 ❸ 서로 생각해볼 시간을 가진 다음에 다시 이야기해보는 게 좋아요. 감정이 앞설 때는 이성적으로 생각하기 어려운 경우가 많아요. 감정을 가라앉히고 차분히 조용한 곳에서 혼자 생각해보거나, 여유 있게 걸으며 생각해보면 새로운 생각이 들기도 한답니다.

❹ 결론을 낼 때는 Win-Win의 해결책을 찾도록 노력해보세요. 사람은 근본적으로 자기 이익을 중시합니다. 그래서 갈등이 생기면 내 이익, 내 주장, 내가 이기고 상대가 지는 결정을 위해 노력하지요. 그러나 이것은 조금만 멀리 보면 '소탐대실(小貪大失)'이 됩니다. 즉 작은 이익을 탐하려다 큰 것을 놓치는 격이 되기 쉽지요. 내가 이기고 상대가 지는 해결을 하면 그 순간은 내가 이득을 얻어 기분이 좋을 수 있어요. 하지만 사람은 공존하는 존재랍니다. 내가 이득을 얻고 상대가 잃으면 상대는 반대 상황을 위해 노력하게 됩니다. 그러면 언젠가는 반대의 상황도 오게 마련이랍니다. 내 이익과 주장이 소중하듯이 남의 이익과 주장도 소중하다는 걸 알면 Win-Win의 해결이 중요함을 깨닫게 될 겁니다.

Win-Win이란 어느 쪽이 이기거나 지는 것이 아니라, 서로 이익이 되도록 해결하는 것을 말해요. 서로 이익이 어렵다면 중간 정도에서 타협하거나, 한 번씩 번갈아 하는 식의 해결을 하는 거죠. 또는 제 3의 해결책을 찾는 것도 방법일 수 있어요.

앞의 갈등에 적용하면 A와 B가 타협하여 모임 초기의 한 달은 뒤풀이를 자주 하고, 이후 가끔 하는 정도로 조절할 수 있을 거예요. 또 아예 전체 모임과, 뒤풀이를 원하는 사람들만 모이는 소모임을 따로 하는 방법도 있을 거예요. 이렇게 갈등을 적극적으로 해결하기 위해서는 열린 자세와 기다릴 줄 아는 마음이 필요합니다.

갈등 상황에서 사람은 보통 이기적인 태도를 취합니다. 그러나 세상은 내가 세상을 대접하는 대로 나를 대접한답니다. 그것을 알면 이타적인 것도 나를 위한 것임을 깨달을 수 있어요. 내가 나를 존중하듯이 상대의 이익과 주장도 존중해보세요. 갈등을 넘어서 Win-Win의 해결을 하는 순간, 서로 관계와 내면이 성장하는 걸 느끼게 됩니다.

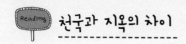

천국과 지옥의 차이

착하게 산 갑돌이가 죽어서 천국에 갔다. 갑돌이는 지옥이 궁금했다. 천사에게 부탁해 지옥 구경을 갔는데 지옥 모습이 뜻밖이었다. 산해진미가 가득 쌓여 있었다. 드디어 식사시간. 지옥 사람들이 음식 주변에 우르르 몰려들었다. 그러나 그들에게 주어진 것은 1미터가 넘는 숟가락과 젓가락이었다. 지옥 사람들은 먹어보려고 열심히 팔을 휘저었지만 수저 길이 때문에 한 입도 먹지 못했다. 지옥 사람들은 맛난 음식을 곁에 두고도 굶주리는 겹고통을 겪고 있었다.

지옥 구경을 마친 갑돌이가 천국에 갔다. 그런데 지옥과 풍경이 별반 다르지 않았다. 이곳에도 진수성찬이 차려져 있었다. 식사 시간이 되자 사람들이 모여들었다. 그들 역시 1미터가 넘는 수저를 들고 있었다. 그러나 천국 사람들은 긴 숟가락과 젓가락으로 서로에게 음식을 떠먹여 주고 있었다. 천국 사람들은 모두 행복해했다.

출처: 매일신문 〈데스크 칼럼〉 김해용 기자, 2011. 12.28

이야기 속 천국과 지옥은 사람들의 마음 씀씀이에 따라 나누어짐을 알 수 있어요. 이기심으로 똘똘 뭉쳐 부정적 인간관계를 만드는 곳이 지옥이에요. 그래서 그곳 사람들은 천국과 같은 환경인데도 굶주리고 현실적으로 손해 보는 삶을 살고 있어요. 하지만 천국은 공감과 배려심을 발휘해 긍정적인 인간관계가 생기는 곳이에요. 이곳은 지옥과 같은 환경인데도 행복하고 서로 이익이 되는 삶을 살지요.
서로 배고플 때, 서로 먹으려고 아우성일 때, 상대를 먹여줄 수 있는 사람은 어떤 사람일까요? 나는 세상을 천국으로 만들어가기 위해 어떤 노력을 하고 있을까요?

PART 4

나는 왜 이 집에서 태어났을까?

:
:

벗어나고도 싶고, 기대고도 싶은
나의 울타리

엄마 얼굴만 보면 화가 나요

저는 고1 여학생입니다. 엄마 때문에 미칠 것 같습니다. 제가 엄마 때문에 이렇게 화나는 걸 아마 아무도 모를 거예요. 평소에도 엄마 얼굴만 보면 화가 났었는데 요즘은 숨을 쉬기가 어려워요. 엄마가 얼마 전 다리를 다치셔서 한 달째 깁스를 하고 계신데, 저는 엄마의 하녀가 된 것 같아요. 엄마는 밥상도 따로, 물도 당신 쓰시는 컵에 따로 챙겨야 하고, 수시로 이거 해라 저거 해라 시켜서 제가 너무 힘들어요.

제가 힘들다고 해도 엄마는 "엄마 아픈데 그 정도도 못하냐?"며 화를 내세요. 저도 엄마가 아프시니 잘해드려야 하는 건 알지만, 엄마는 매사에 언제나 특별 대접을 바라시거든요. 우리 엄마는 정말 심해요. 그리고 저를 진짜 화나게 하는 건 엄마의 말이에요. 엄마는 다른 사람들을 만날 때면 제가 공부도 잘하고 착하다는 등 잔뜩 포장해서 말하거든요. 근데 정작 제가 어디서 칭찬을 받았다고 이야기하면 "네가? 그럴 리가."라며 저를 무시하세요. 평소에도 툭하면 엄마 친구 딸 누구는 "이것도 잘하고 저것도 잘한다."며 얼마나 비교하는지.

그런데 진짜 큰일은 어제 터졌어요. 그래도 엄마랑 솔직히 얘기하고 풀어보려고

어제 맘먹고 엄마에게 제 맘을 얘기했거든요. 그런데 엄마는 "내가 널 어떻게

키웠는데."라고 울면서 저보고 배은망덕한 딸이라며 화내고 앓아 누우셨어요.

그래서 저는 오빠들에게 싫은 소리를 듣고, 지금은 맘이 너무 안 좋아요. 저는 정말

엄마를 사랑하는데 왜 이렇게 엄마랑 힘들까요? 엄마 얼굴만 보면 화가 나요.

- 유나 -

179

엄마와 정서적 거리를 갖고, 엄마의 말을
'도움'이나 '관심'으로 해석하도록 노력해보세요.

⠿

유나 님. 많이 힘들겠군요. 엄마에게 화가 많이 났겠어요. 사랑하는 엄마에게 그런 면이 있다는 걸 말하기가 쉽지 않았을 텐데 제게 털어놔줘서 고마워요.

유나 님의 글을 보며 제가 제일 먼저 하고 싶은 일은 유나 님의 이야기를 좀 더 깊이 있게, 할 수만 있다면 감정 표현과 함께 듣고 싶다는 거예요. 유나 님은 지금 화가 나다 못해 '격노'한 상태 같거든요. 마치 압력솥의 압력이 꽉 차 폭발하기 전의 상태처럼 말이에요. 지금 유나 님에겐 압력솥의 김을 빼는 작업이 매우 필요해요. '김을 뺀다'는 건 맘을 털어놔 화를 푸는 과정을 말해요. 그런 의미에서 제게 이렇게 맘을 털어놓은 유나 님의 힘을 칭찬해주고 싶어요.

유나 님처럼 화가 너무 많이 난 상태에서는 좀 진정시키고 화를 풀어 조절할 수 있는 상태까지 가는 것이 우선이거든요. 그래서 가장 먼저 권하고 싶은 건 마음을 나눌 만한 누군가와 엄마 이야기를 해보는 것이에요. 상담의 한자어가 '서로 상(相) 말씀 담(談)'인 것을 보면, 맘을 나눌 누군가와 이야기하는 것이 얼마나 도움이 되는지 이해할 수 있을 거예요. 이렇게 맘속 이야기를 하다 보면 화가 줄어드는 걸 느낄 거예요. 하지만 그럴 수 없다면 믿는 신께 기도하거나 글쓰기, 그림, 노래, 운동 등으로 마음을 풀어 보세요. 그런 과정을 거쳐 화를 좀 진정시킨 후 제 이야기를 참고하면 더 도움이 될 거예요.

유나 님의 말처럼 유나 님은 엄마를 정말 사랑하는데 왜 이렇게 엄마랑 힘든 걸까요? 제가 보기엔 두 가지 이유가 있는 것 같아요.

첫째는 청소년기의 특징인 '심리적 독립'을 하려는 무의식 때문이에요. 청소년기의 아이들은 몸과 마음이 부쩍 크면서 어른이 될 준비를 한답니다. 몸이 크며 성적 호기심이 활발해지는 시기를 '사춘기'라 하듯이, 마음이 자라며 부모님에게서 독립된 내 마음을 갖는 시기를 '심리적 이유기(離乳期)'라고 해요. 그래서 이 시기의 청소년들은 무의식적으로 어느 정도 반항심이 생긴답니다. 그래야 엄마와 분리되기가 수월하기 때문이지요. 옳고 그르고를 떠나서 이런 과정은 청소년 심리 발달에 있어 어느 정도 기능적인 측면이 있어요.

둘째는, 엄마와 유나 님의 성격 차이 때문으로 보여요.

유나 님과 엄마의 성격을 이 글만으로 정확히 알 수는 없어요. 그러나 이 글에 등장한 면모를 살펴보면 엄마에겐 과도한 자기애(narcissism)를 가진 분들의 성격이 많이 보여요. 본래 자기애란 자신을 사랑하는 일을 칭하는 말이지요. 적당한 자기애는 건강한 삶을 위해 반드시 필요합니다. 이를 테면 '나는 괜찮은 사람이다'란 느낌 같은 것을 말하지요. 그러나 엄마의 경우는 매사에 언제나 특별대접을 바라신다니 유나 님의 말처럼 정도가 심한 것 같아요. 보통 자기애가 과하면 유나 님의 고민처럼 관계에서 문제가 생겨요. 자신이 남들보다 특별하고 우월하다고 생각하기에 특별 대우를 바라고, 자신의 마음에 집중하느라 남들의 감정을 못 헤아려 대인관계에 어려움이 생길 수 있거든요. 또, 자신을 특별 대우한다는 점은, 거꾸로 생각해보면 남들은 모두 평범하거나 나보다 못하다고 여기는 셈이에요. 그러니 나도 모르게 남을 무시하는 격이 되기도 해요.

사람은 아플 땐 아이처럼 자기중심적이 될 수 있어요. 하지만 엄마는 매사에 언제나 특별대접을 바라신다니, 일시적인 것이 아니라 성격 특성일 수 있고요. 이렇게 설명하면 엄마가 부족한 부분이 있는 독특한 분으로 보일 수도 있어요. 하지만 이런 성격 유형은 비교적 자주 볼 수 있어요. 사람들은 누구나 이런 면이 조금씩 있고요.

심리학자들은 이런 성격이 어릴 적 상처를 입었거나 충분히 사랑받지 못해서 또는 과보호 때문에 생긴다고 말해요. 이런 지식을 설명하는 이유는 엄마에게 화나는 것이 유나 님의 탓이 아니라고 말해주고 싶어서랍니다. 심리학 지식으로 유나 님이 분노를 해소하고 엄마를 이해하고 용서하는 데 도움이 되었으면 해요.

사실 이런 이유들로 유나 님의 고민은 엄마가 상담의 도움을 받으면 더 쉽게 해소될 여지가 있다고 생각해요. 하지만 그 부분은 엄마의 몫이니, 지금부터는 유나 님이 엄마와 편안한 관계로 지내기 위해 할 수 있는 방법을 알려드릴게요.

일단 앞서 소개한 방법들로 유나 님의 화가 좀 풀렸다면 **첫째는 엄마가 나를 인정해주고, 존중해주길 바라는 기대를 버리려 노력해보세요.**

물론 아직 부모님의 사랑이 많이 필요한 유나 님으로서는 매우 힘든 일일 거예요. 그러나 '희망고문'이라는 말처럼 기대가 있으면 실망도 있고, 마음의 괴로움이 커지기 마련이랍니다.

한편 이를 위해 유나 님이 지닌 비합리적 사고를 바로잡는 것도 도움이 돼요. 유나 님에게는 '엄마는 나를 칭찬하고 인정해주어야 한다'나 '비교는 나쁜 것이다'란 생각들이 있어요. 그래서 더 화가 나는 거예요. 이런 사고는 현실적이지 못한 편이랍니다. 오히려 '엄마가 나를 칭찬하고 인정해주면 좋지만 그렇지 못할 수도 있다'나 '비교는 비교일 뿐 좋은 것도 나쁜 것도 아니다'라고 생각하는 편이 화를 줄이는 데 도움이 됩니다.

둘째는 엄마의 무시나 비교, 비난을 '도움'이나 '관심'으로 해석하도록 노력해보는 거예요. 이 역시 아직 10대인 유나 님에게는 무척 힘든 일일 거예요. 그러나 엄마가 그런 말들을 하는 것은 유나 님이 잘되기를 바라는 마음, 즉 사랑하는 마음 때문이랍니다. 사랑의 반대는 무관심이니까요. 엄마의 사랑이 자기중심적이고, 성숙치 못한 부분이 있어 유나 님이 힘들고 화나기도 할 거예요. 그렇지만 자식을 사랑하지 않는 부모는 없답니다. 그러니 그 사랑을 믿고, 엄마의 말을 긍정적으로 해석하려고 노력해보면 어떨까요? 엄마가 나를 무시하거나 비교하는 말을 종종 하더라도, 유나 님은 충분히 가치 있고 사랑스러운 사람이니까요.

"네가? 그럴 리가."란 말에 당장은 화나더라도 '엄마가 나를 위해 더 잘하길 원하는구나!'라는 격려로 해석하도록 노력해보는 거예요. 다른 사람과 비교하면 '내가 그 애보다 못할까 봐 걱정하시는구나!'라며 도움으로 해석하도록 노력하는 거죠. 물론 이렇게 해석하는 건 어른도 쉽지 않은 일이에요. 하지만 이렇게 긍정적으로 해석하는 힘을 키우면 화도 덜 나고 결국 관계에서 편안해지는 데 큰 도움이 됩니다. 엄마의 태도를 바꾸는 것보다는 내가 해석하는 힘을 키우는 편이 더 수월할 거예요.

셋째는 엄마와 정서적 거리를 두고, 다른 가족들에게 도움을 청하는 거예요. 유나 님의 글을 보면, 엄마가 아픈 것에 대해 유나 님이 유독 돌보는 역할을 많이 감당하는 것 같아요. 구체적인 사정은 알 수 없으나 만약 그러하다면 다른 가족들의 도움이 필요합니다. 오빠들이나 아빠가 엄마를 함께 돌보아주면 좋을 것 같아요. 유나 님이 아직 어리고 힘든데 아픈 엄마를 많이 돌보는 것은 부담이 클 것 같아요. 솔직히 말하고 도움을 청해보세요.

그리고 유나 님은 엄마와 정서적 거리를 두어 보세요. 정서적 거리를 둔다는 건 엄마를 상대하지 말란 뜻이 아니에요. 이것은 엄마의 말에 되도록 영향을 받지 않는 상태로 있는 걸 말해요. 엄마는 자기 삶을 스스로 꾸려 나갈 능력이 있는 어른이에요. 그러니 엄마 스스로 버틸 수 있는 힘을 믿고 지켜봐주세요.

청소년기의 특성상 지금은 엄마의 부정적인 면이 많이 보여서 분노로 힘들 거예요. 하지만 분노를 풀어내다 보면, 엄마도 유나 님이 어릴 때 생각하던 신과 같이 완벽한 존재가 아니라 보통 사람일 뿐임을 알게 될 겁니다. 그럼에도 불구하고 엄마가 얼마나 최선을 다해 유나 님을 사랑해주었는지 깨닫게 될 거예요. 그러니 할 수만 있다면 인간적인 약점 때문에 하는 엄마의 서운한 말들을 이해하고 용서해드리세요.

살면서 힘든 관계를 만나면 때로는 멀어지는 것이 답일 때가 있어요.

하지만 어떤 관계는 그대로 받아들이는 법을 배워야 하기도 해요. 가족이 바로 그러한 관계지요. 엄마의 부정적인 면들을 대하기 힘들 수도 있지만, 받아들이는 노력만큼 유나 님 마음의 키가 훌쩍 자랄 거예요.

우울한 우리 집에서 가출하고 싶어요

저는 초6 남학생입니다. 우리 아빠는 1년 전부터 지방에 근무하시고 저는 엄마랑 누나랑 셋이 사는데요. 우리 집만 아니라면 가출하고 싶습니다. 요즘 누나는 사춘기라고 학교도 잘 안 가고 엄마 말을 잘 안 들어요. 그래서 엄마는 속상해하고 우울해서 맨날 누워 계십니다. 제가 말을 시켜도 잘 웃지도 않으시고, 저는 엄마가 하라는 대로 다 하려고 애쓰는데, 아무리 노력해도 엄마 기분은 잘 좋아지지 않아요.

저는 우울한 우리 집이 정말 싫습니다. 저렇게 난리 치는 누나도 정말 싫고요. 우리 집이 불행한 건 다 누나 때문이에요. 그런데도 엄마는 누나가 해달라는 것만 하고, 누나만 신경 쓰고, 누나만 예뻐하고, 나한테는 이거 해라 저거 해라 잔소리만 많이 하세요. 누나가 사춘기가 아니고, 아빠가 지방에 가시기 전엔 참 좋았는데…. 아빠가 화를 좀 내긴 해도 같이 살면 더 좋은데…. 요즘 우리 집은 정말 싫어요. 우울한 이 집에서 가출하고 싶어요.

- 승혁 -

자신의 분노를 알아차리고
부모님께 도움을 요청해봅니다.

•
•
•

승혁 님. 가출하고 싶다니 승혁 님이 집에서 얼마나 괴로운지 짐작이
가네요. 많이 힘들고 외롭겠어요. 그런데도 맘을 진정시키고 제게 고민
을 털어놓다니 승혁 님의 긍정 에너지에 박수를 쳐주고 싶어요.

청소년기 아이들은 부모님에게서 독립하고 싶은 마음이 싹트곤 해요.
그래서 큰 문제없이도 반항심이 생기고 한 번쯤 가출을 생각하기도 하지
요. 심하지만 않다면 이것은 청소년이 겪는 심리 발달의 한 면모예요.

하지만 승혁 님은 여기에 덧붙여 가족이 일시적으로 기능하지 못하는
상태라서 더 가출하고 싶은 마음이 커지는 것 같아요. 가족은 인간의 정
신을 탄생시키고 성장시키는 순기능을 해요. 하지만 때론 그 기능을 상
실하면 서로 힘들게 만드는 역기능을 하기도 한답니다. 가족이 순기능을
하려면 부모님이 편안하여 그 사랑이 자연스럽게 자녀에게 전해지는 것
이 중요해요.

승혁 님의 가족은 아빠가 1년 전부터 지방에 계시다니, 부모님의 삶이
전보다 힘든 면이 있을지도 모르겠어요. 만약 그렇다면 부모님은 누나의

사춘기 방황에도, 승혁 님의 가출하고 싶은 마음에도 적절한 도움과 관심을 줄 힘이 부족할 수 있어요. 부모님 입장에서는 최선을 다해 자녀를 사랑하고 있지만, 자녀 입장에서는 아쉬움이 쌓여 분노가 생길 수 있답니다. 그래서 가능하다면, 부모님께서 가족이 함께할 수 있는 환경을 만들어주면 도움이 될 것 같아요. 하지만 그건 여러 사정이 고려되어야 하는 부분이라 쉽지 않지요. 우선 현재 상황에서 승혁 님이 자신을 도울 수 있는 방법들을 알려드릴게요.

첫째는 마음속 분노를 알아차리고 해소할 방법을 찾아보기예요.

몸이 균형 있게 성장하기 위해서는 골고루 잘 먹어야 한다는 것을 알고 있을 거예요. 마음도 조화롭게 성장하기 위해서는 여러 부분의 섬세한 돌봄과 충분한 사랑이 필요해요. 그런데 승혁 님은 집안 사정으로 인해 일시적이지만 사랑이 부족한 듯 보여요. 그래서 그 분노로 가출하고 싶은 마음이 드는 것 같고요. 그러니 그런 자신의 분노 즉, 화(火)를 알아차려야 해요. 화를 풀려면 먼저 자신이 화가 나 있음을 알아차리는 것이 무엇보다 중요하답니다. 그래야 화 때문에 가출을 비롯한 다른 문제행동 등을 하지 않을 수 있거든요. 화가 나 있음을 알아차렸다면 화를 해결할 건강한 방법을 찾을 수 있어요. 화를 해결하는 건강한 대처방법은 106쪽에 설명해두었으니 참고하길 바랍니다.

둘째는 부모님께 도움을 요청하기예요.

본인의 감정을 부모님께 적극적으로 알리고 바람을 전하는 것이지요. 자식을 사랑하지 않는 부모님은 없어요. 상황이 힘들거나, 부모 자신의 상처로 자식의 마음을 헤아리기 힘든 것뿐이에요. 부모님께 힘든 점을

'나 전달법'을 써서 적극적으로 표현해보세요.

"엄마. 나 요즘 너무 힘들어. 집에 있으면 우울해. 엄마가 누나만 챙겨주는 것 같아서 화도 나. 엄마가 힘내고 우리 가족이 전처럼 즐겁게 지냈으면 좋겠어." 이렇게 말이에요. 승혁 님의 마음을 전해 듣고 부모님이 당장은 당황하고 힘들지 몰라도 승혁 님의 마음을 이해하고 도울 방법을 찾을 거예요.

그리고 승혁 님 또한 엄마를 도우려 애쓰기보다 엄마의 힘을 믿고 자신에게 집중하길 바랍니다. 엄마를 위해 애쓰는 승혁 님의 마음이 참 예뻐요. 승혁 님 덕분에 엄마가 기운 내는 면도 있을 거예요. 하지만 엄마가 진정으로 바라는 건 승혁 님의 행복일 거예요. 어떤 부모도 자식이 부모를 위해 애쓰느라 힘들어하는 걸 바라진 않거든요. 승혁 님은 엄마의 힘을 믿고, 열정을 다해 몰두할 수 있는 일을 찾으면 좋겠어요. 운동도 좋고, 공부도 좋고, 취미생활도 좋고요. 때론 분노가 열정의 원천이 되거든요. 그 힘으로 뭔가 이뤄내고 승혁 님이 행복해하면 엄마도 더 기운을 내실 거라 믿어요.

셋째는 형제관계에서 감사하는 마음 갖기예요.

승혁 님은 남매관계이겠네요. 지금의 불행한 상황이 누나 때문이라고 했는데요. 그건 그렇기도 하지만, 아니기도 해요. 누나의 사춘기 방황이 가족의 기능에 영향을 줄 수도 있어요. 하지만 자식은 부모 속을 썩일 때도 있는 거랍니다. '자식은 부모의 눈물을 먹고 자란다'는 말이 있어요. 자식은 부모의 헌신적인 사랑을 받으며 자라고, 그 과정에서 부모도 진정한 사랑을 주며 더 성숙해지지요.

승혁 님이 이해하기 힘들 수도 있지만, 누나의 방황은 성장하기 위해 일정 부분 필요한 것일 수 있어요. 또 부모님에게도 더 큰 성장을 위해 일정 부분 도움이 될 수도 있고요. 그러니 누나 때문에 가족이 힘들다고 탓하기보다는, 사람은 누구나 힘들 때가 있다고 생각하면 어떨까 싶어요. 혹시 아니요? 승혁 님도 누나와 비슷한 방황의 시기를 곧 겪게 되는지요.

승혁 님은 누나와의 관계에서 질투의 감정을 느끼는 것 같아요. 정신분석학에 따르면 형제관계는 경쟁하는 관계거든요. 엄마의 관심을 더 받고 싶은 질투심이 있는 것 같아요. 이런 질투심은 당연한 감정이랍니다. 다만 지금은 질투심으로 누나와의 사이까지 힘들어지기 때문에 조절이 필요할 것 같아요. 정신분석학자 멜라니 클라인(M. Klein)의 연구에 의하면, 시기심을 극복하는 방법으로 '감사하는 마음 갖기'를 권해요. 비교 대상에 비해 내가 못 가진 부분을 시기하고 질투하는 것보다, 자신이 더 가진 부분을 발견하고 감사하는 마음을 갖는 것이지요.

승혁 님과 누나가 각각 어떤 장점을 가졌는지 이 글만으로는 알 수가 없어요. 하지만 분명 자신만의 장점들이 있을 거예요. 승혁 님의 글을 보면, 누나에겐 사춘기 방황이라는 형태지만, 자신의 힘든 점을 솔직히 표현하는 장점이 있는 것 같아요. 승혁 님에게는 힘든 점을 인내하고 효과적으로 해결하려 노력하는 장점이 있는 듯하고요. 본인이 가진 인내심과 효과적으로 해결하려는 의지력에 대해 감사해보세요. 내면에서 스스로 인정하는 뿌듯한 힘이 솟아오르는 걸 느낄 수 있을 거예요.

전화위복(轉禍爲福)이란 사자성어가 있어요. 화가 바뀌어 오히려 복이 된다는 뜻이지요. 지금 승혁 님의 가족이 겪는 상황은 분명 힘들어요. 하지만 저는 승혁 님과 승혁 님 가족의 힘을 믿어요. 이 힘든 경험 덕에 더 사랑하고 행복한 승혁 님 가족이 되기를 소망해봅니다.

엄마 간섭 때문에 미치겠어요

저는 중2 남학생입니다. 엄마 간섭 때문에 미치겠어요. 엄마는 공부하라고 잔소리만 하고 절 꼼짝도 못하게 해요. 매일 공부한 양도 확인하고, 어디에 가서 무하나 항상 체크하세요. 성적이 나빠서도 혼나지만 요즘은 컴퓨터 게임이랑 폰질(스마트폰 사용) 때문에 맨날 혼나요. 친구들이랑 PC방에 가서 놀다 보면 자꾸 학원에 늦게 가거든요. 가끔은 저도 모르게 잊어버리고 그냥 빠지기도 합니다. 그러면 엄마는 화내면서 '늘 컴퓨터랑 스마트폰이랑 산다고, 그러다 중독된다'고 난리 치세요. 저는 중독은 아닌 것 같은데… 그냥 재있어서 하는 건데 엄마는 너무하시는 것 같아요. 이젠 아예 제 게임 아이디로 제가 게임을 얼마나 했는지 체크하고, 폰에 걸어둔 비번을 바꾸면 또 무했느냐며 난리를 칩니다. 엄마를 이해 못하는 건 아니지만 너무 힘듭니다. 제가 정말 게임 중독인가요?

- 민석 -

아무리 잔소리를 해도 듣지 않아요

우리 딸은 중2예요. 이런 말을 하기 뭐 하지만, 정말 딸 때문에 환장하겠네요. 하라는 공부는 안 하고, 맨날 거울이랑 스마트폰만 들여다보고 있어요. 저러다 뭐가 되려는지…. 방 청소를 하라면 자버리고, 밥 먹고 학원 가라고 하면 안 가고, 자기 방에서 컵라면 먹어요. 아무리 잔소리를 해도 듣는 건지, 마는 건지…. 어디 가서 말하기도 힘들고. 우리 딸 왜 저러는 걸까요?

— 영지 엄마 —

수동-공격적으로
분노를 표현하고 있습니다.

•
•
•

민석 님, 영지 어머님. 제가 두 분의 글을 함께 말하는 이유는 두 분의
고민이 상대방의 마음을 이해해볼 수 있는 좋은 예이기 때문이에요.

민석 님, 엄마의 간섭 때문에 많이 힘들지요? 영지 어머님도 딸의 행
동 때문에 많이 힘드시지요? 하지만 두 분의 글을 읽어보면 민석 님도,
영지 어머님도 부모-자식 관계에서 힘든 감정이 비단 한쪽만의 고민이
아님을 느낄 수 있어요.

일단 둘의 고민을 살펴드리기 전에 민석 님이 제게 게임 중독인지를
물었는데요. 이 글만으로 민석 님이 중독인지를 진단하기는 어려워요.
일반적으로 게임 중독을 포함하여 알코올 중독, 인터넷 중독 등 중독의
원인은 '관계 결핍'에서 오는 공허감이랍니다. 뻥 뚫린 것 같은 마음속 공
허감을 채우기 위해 무엇인가에 의존하는 것이 중독이지요. 그래서 중독
을 치료하기 위해서는 관계를 면밀히 살펴보고, 관계 회복과 중독된 것
을 대체할 새로운 활동을 찾는 게 중요해요. 중독의 진단이나 치료에 관
한 자세한 내용은 《14살 마음의 지도》의 '끊을 수 없는 유혹, 중독' 편에

상세히 설명되어 있으니 참고해 도움을 받길 권해요.

이 글을 통해 민석 님에게 도움을 드릴 수 있는 부분은, 게임에 관한 고민이 중독보다는 엄마의 간섭(통제)에 대한 분노와 더 관련이 깊어 보인다는 점이에요. 민석 님은 엄마의 간섭에 대해 "미치겠다." "힘들다." 라고 표현했는데, 미처 표현하지 못한 감정 중에 '화'가 있어 보여요. 엄마가 사랑으로 잔소리를 하는 건 이해되지만, 제가 보기에도 게임 아이디로 게임 시간을 체크하는 것까지는 지나쳐 보이거든요. 이렇게 지나친 통제가 있으면 보통 '화'가 나기 쉽답니다.

학원에 자꾸 늦게 가거나 빠지고, 노력보다 저조한 성적 등이 모두 엄마를 향한 분노의 다른 표현일 수 있어요. 이 행동에 담긴 속뜻은 '나한테 아무것도 요구하지 마. 아무것도 기대하지 마!' 이런 것이죠.(참고 도서: 《화의 심리학》 비벌리 엔젤 지음. 용오름) 이렇게 내면의 분노를 간접적 또는 우회적으로 표현하는 것을 심리학에서는 방어기제 중 '수동적–공격성(passive aggression)'이라고 해요. 이는 사춘기 청소년이 부모님께 반항하기 위해 많이 쓰는 무의식적 방법이에요. 많은 청소년이 반항의 시기를 거쳐 자율적이고 독립적인 성인이 됩니다. 그런 의미에서 보면, 어쩌면 반항이라는 과정은 일정 부분 겪고 지나가는 관문과도 같으니, 청소년에게 적응적인 면이 있다고 볼 수도 있어요.

다만 이런 미성숙한 방어기제는 주변 사람들과의 관계를 나쁘게 해 더 어려운 상황으로 몰아가므로 바꾸려는 노력이 필요해요. 민석 님. 영지 어머님의 글을 보고, 내가 힘든 만큼 엄마도 힘들고 그래서 서로 더 힘들어지고 있다는 것이 느껴지나요?

하나 덧붙이자면, 이런 방어기제는 무의식적인 것이라 분노가 자신을 향하는 경우 더 큰 문제가 될 수 있어요. 무의식적으로 '더 못해서 엄마를 속상하게 하자'는 식으로 화풀이를 하면, 가장 큰 피해자는 자신이 되기 때문이에요. 일례로, 제게 보낸 사연을 보면 글 솜씨가 제법인데 노력보다 성적이 저조하다니 의아스러워요. 아마도 무의식적인 분노가 민석 님을 향하고 있어 본인의 역량이 덜 발휘되고 있는지도 생각해봐야 할 것 같아요.

그러면 이런 미성숙한 부분을 어떻게 변화시키면 좋을까요? **첫째는 역시, 자신의 분노를 알아차리는 것이에요.** 앞에서 설명했듯 게임하느라 학원에 늦게 가거나 빠지고, 성적이 저조한 것들이 엄마의 간섭에 대한 분노 표현임을 알아차리는 것이지요. 민석 님은 게임이 그냥 재밌어서 한다고 했지만, 이 부분은 무의식이기 때문에 화났다는 것을 알아차리기 어려울 수도 있어요. 하지만 내 행동들이 나도 모르게 관계를 더 힘들게 하고 문제 해결에 별로 도움이 되지 않음을 알아차리게 되면 상황은 더 나아질 거예요. 자신의 행동과 결과를 알면, 관계 개선을 위해 어떻게 해야 할지를 생각할 수 있거든요.

둘째는 엄마에게 자기 의견을 직접적으로 표현해보는 것이에요.

예를 들면 "엄마, 저 오늘은 학원에 빠지고 친구랑 놀고 싶어요."나 "학원은 그만두고 싶어요."처럼요. 아마 이것이 가장 어려운 부분일 거예요. 왜냐하면 이런 방법을 엄마가 받아들였다면 처음부터 민석 님이 '수동 공격적'인 성향이 되지 않았을 테니 말이에요. 하지만 지금처럼 간접적인 방법들로 아무리 여러 번 분노감을 표현해도 엄마는 끝내 민석 님의 감정을 모를 수 있어요. 그러면 민석 님의 수동 공격적 행동이 계속될 거고, 상황은 해결되지 않고 관계만 나빠질 수 있어요. 한마디로 비효율 적이지요. 그러니 두렵더라도 자기 의견을 직접 말씀드리면 어떨까 싶어 요. 사람은 "싫어."라고 말해도 사랑받을 수 있는 존재랍니다. 하고 싶지 않은 일은 하고 싶지 않다고 처음부터 직접 말하는 시도를 해보세요. 물 론 매우 어렵고 힘든 과정일 거예요. 실제로 받아들여지지 않을 가능성 도 크고요. 하지만 이것이 효율적인 방법임을 알면 이런 시도가 언젠가 는 도움이 될 거예요.

셋째는 직접 표현하기가 어려울 땐 분노를 되도록 즐겁게 받아들일 방 법을 찾는 것이에요. 아마도 이것이 가장 현실적인 도움일 것 같아요. 이 런 분노 성향의 가장 큰 문제는 분노가 자신을 향하면 가장 큰 피해자가 자신이 된다는 점이에요. 엄마랑 힘들어질 뿐만 아니라, 학원을 자꾸 빠 지면 학원 선생님, 친구들과도 힘들어질 수 있고, 학원에 드문드문 다녀 서 힘은 힘대로 들고 성적은 성적대로 좋지 않을 수 있어요. 결국 아까운 에너지들만 낭비되는 셈이지요. '피할 수 없으면 즐겨라.'란 명언이 있어 요. 도저히 피할 수 없는 상황이라면 즐겁게 하도록 노력해보면 어떨까 요? 예를 들면 학원에 빠지지 않고 가기 위해 학원에 친한 친구를 만들 어 보세요. 혹은 엄마께 성적을 어느 정도 올리면 학원을 쉴 수 있게 요 청해보는 식으로 말이에요.

다음은 영지 어머님께 드리는 말씀이에요.

영지 때문에 많이 힘드시죠? 저도 엄마인지라 영지 어머님의 심정을 충분히 알 것 같아요. 하지만 겪어보아서 아시겠지만 이 경우, 잔소리로 영지를 변화시키기는 어려울 것 같아요. 영지의 이런 행동들은 무의식적이라 영지에게 "너 엄마에게 불만 있니?" 혹은 "화났니?"라고 물으셔도 "아니."라고 답할 확률도 높답니다. 물론 "화났다."고 솔직히 대답해주면 대화가 가능해져 더 수월하겠지요. 하지만 어머니가 "환장하겠다."고 말하신 걸로 보아 아이와 대화가 잘되지 않는 것이 아닐까 짐작됩니다.

지금 아이는 엄마에게 "나 화났어. 불만 있어."라고 간접적으로 말하고 있는 거랍니다. 상담실에서 이런 아이들의 말을 들어보면, 엄마랑 타협이 되지 않을 것 같아 말하기 어렵다고 해요. 어머님도 누군가와 이야기할 때 내 이야기를 들어줄 것 같은 사람과 말하는 것이 편하시죠? 어머님의 마음은 열려 있겠지만, 지금은 그 마음이 영지에게 잘 전달되지 않는 것 같아요. 그러므로 좀 힘들더라도 영지를 더 이해하고 기다리는 시간이 필요할 것 같아요. 아이의 불만이 무엇인지는 모르지만 분명 엄마가 이렇게 사랑하고 있으니, 그 맘이 전달되리라 믿어요.

하나 더 조언을 드리자면 크게 나쁜 것이 아니라면, 아이의 요구를 되도록 들어주고 타협해보시면 어떨까 싶어요. 아이를 걱정하고 바른 길로 인도하고 싶은 마음은 부모라면 다 똑같을 거예요. 하지만 때론 실수를 용서하고, 돌아가는 길로 갈 때 기다려주는 것도 사랑임을 잘 알고 계실 겁니다. 지금이 그런 사랑을 보일 때인 것 같아요. 저 역시 엄마인지라 그것이 정말 쉽지 않음을 잘 압니다. 하지만 또 동시에 엄마이기에 해주실 수 있으리라 믿어요.

민석 님, 영지 어머님. 청소년기는 부모와 자식 관계가 분리되며 독립을 준비하는 시기예요. 사랑하는 관계가 분리되는 건 서로 쉽지 않은 일이지요. 하지만 사랑하기에 서로 지켜봐줄 수 있고, 함께할 수도 있답니다. 영화 〈흐르는 강물처럼〉에서는 'We can love completely even without complete understanding.'(완전히 이해할 수는 없어도 완전히 사랑할 수는 있다)는 명대사가 나와요. 가족에 대한 우리의 사랑이 그러한 것 같아요. 지금은 비록 힘든 시기이지만 서로에 대한 사랑으로 이 고비를 지혜롭게 넘기리라 믿습니다.

새아버지와 잘 지낼 수는 없는 건가요?

저는 고2 남학생입니다. 저희 아버지는 7살 때 돌아가셨습니다. 그 뒤로 엄마가 같이 살았던 분이 계신데, 그 분과는 사이가 나빠 결국 헤어지셨습니다. 엄마는 제가 중학생 때 지금 새아버지와 재혼을 하셨습니다. 그런데 두 분 사이가 또 좋지 않습니다. 엄마는 그때도 그렇고 지금도 그렇고, 제게 아빠가 필요해서 재혼하셨다지만, 저는 그 말을 듣기가 정말 제일 싫습니다. 저는 새아버지와 함께 있는 게 너무 불편합니다. 그분이 제게 잘하려 하시는 것도 압니다. 그래서 제게 용돈을 자주 주는 것도 압니다. 하지만 그분과 얼굴을 마주치기만 해도 너무 짜증이 납니다. 틈만 나면 "너희 엄마는 니들 생각만 하고, 나한테는 아무것도 안 해줘."라며 엄마 험담을 하는데, 정말 듣기가 싫습니다. 애도 아니고… 저도 잘해드리고 싶지만 얘기를 듣고 있으면 불편하고 숨이 막힐 것 같습니다. 어른스러우셨던 아버지 생각도 나고요. 저는 엄마가 어떻게 살아오셨는지, 우리 때문에 얼마나 고생하고 계신지 너무도 잘 알고 있습니다. 그래서 엄마를 위해서라도 잘 지내고 싶은데, 아무리 노력해도 안 됩니다. 새아버지와 잘 지낼 수는 없는 건가요?

- 동민 -

200

서로 불편한 관계라는 것을
인정합니다.

· · ·

동민 님 글을 보니 무슨 말을 꺼내야 할지… 그간 얼마나 힘든 일이 많았을지 눈에 보이는 것 같아 마음이 아픕니다.

어린 나이에 아버지를 잃은 슬픔도 클 텐데, 두 번이나 새로운 아버지를 받아들여야 하는 상황이라니. 맘속 상처가 말로 표현하기 어려울 것 같네요.

보통 친아버지와 아들 관계도 쉽지 않다고 합니다. '오이디푸스 콤플렉스'라고 들어보셨나요? 오이디푸스 신화에서 유래한 이 개념에 따르면 아버지와 아들은 적과 같은 경쟁관계랍니다. 신화에 따르면, 아버지는 신탁을 듣고 아들이 죽도록 내다 버리고, 아들은 커서 아버지를 죽이는 관계이지요. 너무 살벌하게 들릴지 모르지만, 그만큼 아버지와 아들의 관계는 무의식적으로 쉽지 않은 관계라는 뜻입니다.

그런데 동민 님은 이 어려운 관계를 새아버지와 맺으려 하니 노력해도 잘 안 되는 건 어쩌면 당연합니다. 더군다나 이전 새아버지와의 갈등과 헤어짐의 상처도 치유되지 않은 채 남아 있는 것 같아 안타까움이 크네요. 하지만 힘든 상황에서도 엇나가지 않고 엄마를 염려하고, 새아버지와도 잘 지내려 노력하다니, 깊은 효심에 박수를 보내고 싶어요.

이런 동민 님에게 도움이 될 만한 지식이 있어 먼저 알려드릴게요. 서구 문화권 영화를 보면 새아버지와 친구처럼 지내는 아들이 가끔 등장합니다. 그에 비해 우리나라 영화는 그런 장면이 드물지요. 서양은 가족 문화가 부부 관계를 중심으로 하기 때문에 부모의 결혼과 재혼에 따라 새로운 부모 자녀 관계를 맺는 것에 더 허용적인 편입니다. 물론 서로의 노력이 가장 중요하지만요.

반면 우리나라는 부자 관계를 중심으로 하는 문화예요. 즉 자녀의 양육이 부부의 행복보다 우선시된다는 뜻이에요. 여기에는 가족의 목표가 아버지의 유전자와 삶을 아들에게 물려주는 것에 초점이 맞춰진 문화적 배경이 있답니다. 따라서 혈연이 아닌데 새로운 부자관계를 맺는 것이 서양에 비해 문화적으로 더 어려운 편입니다.

제가 이런 지식을 이야기하는 이유는 오이디푸스 콤플렉스에서 보여지듯이, 새아버지와의 관계가 심리적으로도, 문화적으로도 어려운 관계임을 말해주고 싶어서예요. 이쯤 되면 '새아버지랑 잘 지내는 건 불가능한 건가?'란 생각이 들 수도 있는데요. 제가 이 지식들을 알리는 건 '아는 것이 힘'이기 때문이에요. 재혼 가족은 가족이란 말에 담긴 기대심 때문에 오히려 관계 맺기가 어렵거든요. 이 기대심이 없어지는 데만도 상당한 시간이 걸리고, 그 과정에서 상처가 많이 생겨요. 서로 불편한 관계임을 인정하고, 관계에 대한 기대심을 버리면 오히려 관계 맺기가 수월해진답니다.

불편한 관계임을 인정했다면, 이제 서로 기능적인 가족이 되는 데 걸리는 시간도 알아두면 좋을 듯해요. 연구에 의하면 보통 적응하는 데만 최소 4년, 가족으로서 정서적 균형이 잡히려면 5년에서 10년 정도 걸린다고 해요. 대충 어림잡아도 7년 이상은 걸리는 셈이죠. 동민 님은 새아버지와 중학교 때부터 가족이 되었으니, 중1 때라고 해도 이제 5년 정도네요. 만약 중3 때라면 이제 3년 정도니 지금이 적응기일 것 같아요. 그러니 관계에 대해 조급함을 버리고 여유 있게 대해보면 어떨까요?

자, 새아버지와 관계 맺는 것에 대해 알아보았다면, 이제 상처를 돌볼 차례예요. 동민 님은 아버지의 상실에 대한 상처가 큰 것 같아요. 어른스럽던 아버지 생각도 난다는 걸 보면 아버지를 그리워하는 마음이 느껴져요. 아버지를 그리워하는 마음은 아름답지만, 돌아가신 아버지와 새아버지를 비교한다면 결국 힘든 건 동민 님일 거예요. 비교하는 마음을 변화시키려면 어릴 적 사랑하는 아버지를 잃었던 슬픔을 기억하고 애도하는 시간이 필요해요. 누군가를 잃은 슬픔은 마음속에 그 슬픔을 감당할 수 있을 때까지 남아 있어요. 지금은 아닐지라도 언제든 기회가 된다면 아버지를 얼마나 사랑했는지, 잃은 후 얼마나 슬펐는지를 떠올리며 충분히 슬퍼할 시간을 가졌으면 해요. 그런 과정이 지나면 사랑하는 아버지가 동민 님을 위해 바라는 건 동민 님의 행복뿐임을 알게 될 거예요. 그러면 돌아가신 아버지와 새아버지를 비교하는 것보다, 새로운 만남으로서 새아버지와 관계 맺는 게 도움이 된다는 걸 알게 될 거예요.

심리학에 의하면, 새아버지나 새어머니와 관계를 맺으려 할 때 친아버지나 친어머니를 배신하는 것 같은 갈등 때문에 괴로움이 생긴다고 해요. 이런 갈등을 '중성 갈등'이라고 해요. 해결법은 친부모와의 관계는 그대로 존중하고, 새로운 부모와 다른 차원에서 협력 관계를 맺는 것이랍니다. 그러므로 친아버지를 잃은 슬픔을 애도한 후 과거의 관계를 아름답게 간직해, 현재의 나를 도와주는 내면의 힘으로 발전시켜보세요. 돌아가신 아버지의 사랑이 항상 동민 님 내면에서 느껴지도록 말이에요.

그다음엔 이전 새아버지로 인한 부정적 감정을 해소해보세요. 사연만으로는 이전 새아버지와 어떤 어려움이 있었는지 잘 알 수 없어요. 하지만 지금의 새아버지 얼굴만 봐도 짜증이 난다는 건 이전에 받은 상처의 과잉 반응으로 보여요. 어떤 상처가 있었는지, 많이 힘들었거나 화난 부분 등을 편지글로 적어봤으면 해요. 쉽진 않겠지만 적다 보면 미처 표현하지 못한 감정 덩어리들이 풀리고 마음이 편안해지는 것을 느낄 수 있을 거예요.

과거의 상처를 돌보았다면 이제 새아버지와 새로운 관계를 맺어보길 바랍니다. 갈등이 생기면 풀도록 노력해보세요. 모든 관계에 갈등은 필수적이랍니다. 갈등을 넘어설 때 서로 더 알게 되고 친밀감이 생기지요. 많은 학자들이 갈등을 풀기 위해서는 대화와 타협이 필요하다고 해요. 동민 님의 경우 이렇게 불편한데 대화를 시도하는 것 자체가 매우 어려울 거예요. 하지만 새아버지 입장에서는 엄마와 아들은 혈연관계가 있는 진짜 가족처럼 느껴지고, 자신은 그곳에 낀 이방인 같다고 느낄 수도 있답니다. 동민 님에게 쉽지 않은 일인 건 알지만, 새아버지의 마음이 어떨지 입장을 바꾸어 생각해보세요. 그러면 대화하고픈 마음이 들 수도 있을 거예요.

마지막으로 엄마를 향한 분노를 알아차리고, 해소하고, 용서하세요. 동민 님에게 아빠가 필요해서 재혼했다는 엄마의 말씀에 화가 날 수 있을 것 같아요. 부모의 재혼은 자신을 위한 선택이므로 자녀에게는 상처가 될 수도 있거든요. 그런 말을 듣기 싫어하는 동민 님의 감정이 이해가 되어요. 그리고 그런 마음을 표현해줘서 고마워요. 그런 감정을 억누르지 말고 그런 마음이 드는 자신을 이해해주세요. 감정은 자연스러운 것입니다. 나쁜 감정이란 없어요. 다만 그런 감정을 알아차리고 해소한 후, 엄마를 용서하길 바랍니다. 동민 님이 느끼는 것처럼 엄마는 연습이 없는 한 번뿐인 인생에서 최선을 다해 살아오신 거랍니다. 동민 님에겐 아쉬운 부분이 있을 수 있어도, 엄마는 최선을 다해 사랑으로 동민 님을 키우셨어요.

《멈추면, 비로소 보이는 것들》이란 책으로 유명한 혜민 스님은 난로 같은 관계가 좋다고 해요. 난로는 너무 다가가면 뜨겁고 멀리하면 추우니 적당히 가까운 것이 좋다고요. 그런 의미에서 새아버지와 너무 친밀하려 애쓰지 않아도 될 것 같아요.

동민 님은 이제 곧 성인이 될 거예요. 새아버지와 친한 부자관계를 맺는 것과 각자의 삶을 사는 것 모두 가능하지요. 서로 반드시 좋은 관계가 되어야 하는 것은 아니랍니다. 불편한 관계를 바꾸기 위해 너무 애쓰면 많은 심리적 에너지가 묶이게 된답니다. 오히려 새아버지와 관계가 좋을 수도 있고, 좋지 않아도 괜찮다고 편안하게 생각해보세요. 관계를 맺는 데 쓸 심리적 에너지를 자신의 꿈을 이루고 내면을 성장시키는 데 쏟아보세요. 마음이 편안하고 자신의 삶이 풍성해지면, 오히려 관계가 좋아질 가능성이 높아진답니다.

혈연(血緣)이 아닌 재혼으로 만든 가족은 강한 결연(結緣)을 갖고 있어요. 왜냐면 그들은 관계를 일부러 만들어야 하기 때문이지요. 갈등을 잘 해결하는 것을 배우면 보통의 혈연 가족들보다 더 성숙해질 가능성이 높아요. 이는 더 높은 산을 오르는 것과 같답니다. 동민 님은 지금 더 높은 산을 오르는 과정이라고 생각해요. 지금은 힘들겠지만, 그 산을 오른 보람과 기쁨은 그 무엇보다 크리라 믿습니다.

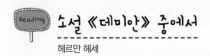
　나의 부모님은 단지 끊임없는 걱정으로 현실을 부정하고, 더욱 비현실적이 되는 소년 시절을 지속하려는 나의 가망 없는 노력을 도와주셨다. 이에 대해서 부모님이 얼마만큼의 일을 할 수 있는지 알 수 없다. 나는 내 부모님에 대해 비난하지 않는다. 나의 길을 완성하고, 나의 길을 발견하는 것은 나 자신의 일이다.

　(중략)

　'새는 알을 깨고 나온다. 알은 새의 세계다.
　태어나려는 자는 한 세계를 파괴해야만 한다.
　새는 신에게로 날아간다. 그 신의 이름은 아프락서스다.'

유명한 성장소설 《데미안》의 일부분입니다. 이 소설이 보여주듯, 부모님은 어린 시절의 나를 단단한 껍질로 보호해주고, 키워주십니다. 하지만 부모님의 바람은 언젠가 그 껍질을 깨고 나와, 진정한 '자기 자신'으로 성장하기를 바라는 것입니다. 부모님의 실수나 부족한 부분이 있는 가르침은 용서하세요. 그리고 진정한 행복과 잠재력의 실현을 위해 에너지를 쏟아 보세요. 그것이 인간적인 약점에도 불구하고, 최선을 다해 키워주신 부모님의 사랑에 보답하는 길이고, '진정으로 아름다운 나 자신'과 만나는 길입니다.

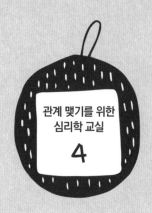

관계 맺기를 위한
심리학 교실
4

청소년기는 홀로 서고 싶은 마음이

생기는 시기입니다

가족에서 사회로,
관계의 지각변동이 일어난다

'그 애들이랑 같이 몰려다니면 짜증나고 화도 나는데, 막상 그 애들이랑

안 놀자니 놀 친구도 없고… 어떤 날은 그 애들이 나한테 말을 걸어주지

않을까 봐, 따돌림 당하는 건 아닐까 하고 걱정돼서 안절부절못해요.'

친구관계로 고민하던 중1 여학생의 말이에요. 청소년기가 되면 중요
한 인간관계가 가족이나 선생님에서, 친구관계로 변하게 돼요. 이 시기
친구관계는 흔히 동년배들이 집단을 이루며 어울리는 경우가 많은데요.
이를 또래집단, '놀이집단(play group)', '갱(gang)'이라고도 해요. 이렇게
여러 이름으로 불리는 이유는 이 시기의 또래집단이 다른 연령대에 비해
몇 가지 눈에 띄는 특징이 있기 때문이에요.

영화 장르 중에서 갱스터 무비(gangster movie)라는 말을 들어본 적 있
나요? 이는 조직폭력배 집단이 나오는 범죄영화 장르를 일컫는 용어랍
니다. 여기에 쓰인 갱스터의 '갱(gang)'은 폭력집단을 말해요. 재밌는 건
이 단어가 청소년기의 또래집단을 일컫는 의미로도 쓰인다는 거예요. 이

유는 청소년기의 또래집단이 긍정적인 면 못지않게, 부정적인 면도 있기 때문이에요.

본래 또래집단은 함께 어울려 놀면서 사회성을 기르고 소속감을 높이는 긍정적인 역할을 해요. 하지만 청소년기의 또래집단은 결속력이 너무 강해서, 집단에서 소외되는 경우 개인에게 큰 스트레스와 좌절을 줄 수 있답니다. 때문에 청소년기의 또래집단은 내부 규칙에 무조건 복종하게 하는 힘이 있어요. 마치 폭력집단처럼 내부 규칙이 때론 비합리적이고 비인간적이어도 구성원은 반드시 따라야 하는 압력을 받아요. 그래서 이 시기의 또래집단은 개인의 성장에 반드시 필요하고 긍정적이나 때에 따라서는 부정적인 영향을 줄 수도 있어요.

특히 사회심리학에 의하면, 집단의 의견은 개인의 의견보다 좀 더 극단으로 치우치는 경향이 있다고 합니다. 그리고 집단에 속한 개인은 집단의 의견을 따르기 쉽다고 해요. 이를 학문적으로는 '집단 극화 현상'과 '동조 현상'이라고 말해요. 또래집단의 성향이 부정적으로 기울게 되면 그 집단에 속한 개인은 심리적으로 상처받기가 매우 쉽답니다.

예를 들어 살펴볼게요. 10대 청소년 그룹의 A와 다른 그룹의 B가 사소한 갈등이 있다고 해봐요. A가 자신의 속상함과 화를 그룹에 털어놓으면 어떻게 될까요? 그러면 친구들이 A의 이야기에 맞장구를 치면서 "그래. 걔 나랑도 그런 일 있었어.", "걔 다른 애들도 재수 없다더라.", "걔 원래 성격이 더러워.", "이참에 본때를 보여주자." 식으로 집단 내 의견이 변화할 수 있다는 거예요.

그러면 이야기가 부풀려지면서 A와 사소한 갈등이 있었던 B는 성격이 더러운 B로 변하게 돼요. 그런 다음엔 친구들 모두 동조해 거리낌 없이 B를 함께 괴롭힐 수 있게 되는 거예요. 하지만 그 집단에 속한 누군가는 이런 상황이 불합리한 것 같고, 이런 행동을 함께하기 싫을 수도 있겠죠? 그래도 (앞서 말한 심리 현상에 따르면) 그 집단 안에 있는 개인은 다른 행동을 하기가 매우 어렵다는 거예요. 그래서 이 시기의 아이들은 집단의 규칙에 어쩔 수 없이 따르곤 해요.

하물며 이 시기에 그룹에 끼지 못하거나 외톨이로 지낸다면, 이런 집단적 공격을 받게 될 수도 있으니 불안한 것은 당연해요. 이 시기에는 같이 노는 친구로서 또래집단이 필요하지만, 나를 보호해주는 의미로도 또래집단이 필요하답니다. 그래서 청소년들은 집단에 소속되려 하고, 집단에서 소외되지 않기 위해 안절부절못하는 것이랍니다.

그럼 여기 등장하는 예처럼 집단의 성향이 나와 잘 맞지 않거나 너무 부정적인 경우, 다른 집단에 들어가고 싶을 때는 어떻게 하면 좋을까요? 다른 집단으로 옮기거나 집단의 부정적인 힘에 휘둘리지 않으려면 힘들어도 홀로 견딜 수 있는 힘이 필요해요. 이 힘의 바탕을 이루는 두 개의 축이 '자아존중감'과 '자아정체감'이에요.

자아존중감(self-esteem)이란 자신이 사랑받을 만한 가치가 있는 소중한 존재이고, 어떤 일을 해낼 만한 유능한 사람이라고 믿는 마음을 말해요. 이것은 어린 시절 부모님께 무조건적 사랑과 신뢰를 받으며 그 마음이 내 마음속에 내면화되는 과정에서 만들어져요. 모든 부모들이 자식을 신뢰와 사랑으로 키워도, 부모 역시 완벽한 인간이 아니기에 자식의 마음에 상처를 주거나, 혹은 밖에서 받은 상처를 잘 돌보아주지 못할 수 있답니다.

그래서 자아존중감이 낮은 경우, 청소년기에 집단의 부정적인 영향을 받으면 삶이 자신의 생각과 다르게 휘둘리기도 해요. 자아존중감이 낮은 사람은 '나는 사랑받을 만한 존재가 아니니 나쁜 취급을 받아도 돼. 부모님도 날 사랑해주지 않는데 뭐.', '난 이런 상황을 헤쳐 나갈 힘이 없어. 난 무능한 사람이니까.'란 생각을 하거든요. 또 내 편을 들어줄 사람이 없다는 두려움에 원하는 바를 말하는 걸 어려워해요.

심리학에서는 자아존중감이 낮아서 힘들다면 이를 높이기 위해 지지적 관계를 맺으라고 조언해요. 내 감정을 이해해주고, 격려해주고, 내 편을 들어주는 사람이 있을 때 자기주장을 할 수 있고, 내 삶의 주인공이 될 수 있기 때문이에요. 따라서 자아존중감을 높이려면 삶 속에서 그런 관계를 적극적으로 찾거나, 신과의 관계에서 또는 스스로 다독여주는 자세를 가져야 해요. 그리고 홀로 견뎌보는 시간이 필요해요. 그런 관계와 시간을 거쳐야 내면의 상처가 치유되고, 자신을 소중하고 유능한 사람으로 여기게 된답니다.

다음으로 자아존중감 못지않게 중요한 부분이 자아정체감을 찾는 것인데요. 자아정체감(self-identity)이란 자신이 어떤 사람인지에 대한 확신과 신념을 말해요. '나는 누구일까? 나는 어떤 사람일까?'란 물음에 대해 자신이 찾은 답이지요. 예를 들면 '나는 노래를 좋아하는 사람이다.', '나는 내성적인 사람이다.', '나는 농구를 잘한다.' 등을 말해요. 여러 경험들을 통해 자아정체감을 찾게 됩니다. 이것은 장차 완전한 성인으로서 사회적 역할을 감당해내기 위해 자기 개념을 찾는 과정이에요. 심리학자

에릭슨은 이것을 청소년기에 겪어야 할 가장 중요한 사회-심리적 과업이라고 했답니다.

자아정체감을 찾는 것은 심리적 성장뿐만 아니라 친구관계에서도 중요한 역할을 하는데요. 그 이유는 첫째, 자신을 잘 이해해야 친구도 이해할 수 있기 때문이에요. 유유상종(類類相從)이란 말처럼 이 시기는 비슷한 성향의 친구들끼리 어울리기 쉽답니다. 자신에 대해 잘 알면 비슷한 친구집단에 들어가기가 쉽겠지요.

둘째, 자신을 잘 알아서 좋아하는 일을 하면 친구관계에 긍정적인 영향을 주기 때문이에요. 자기가 어떤 사람인지 무엇을 좋아하는지 알면, 좋아하는 일을 할 동기가 생겨요. 그런 일을 하는 사람은 자신감이 있답니다. 그런 사람은 다른 사람에게 긍정 에너지를 전해줄 수 있기에 매력적이지요. 친구 사이에서도 일에 대한 성취를 인정받아서 관계가 좋아져요.

정리하면, 높은 자아존중감, 확고한 자아정체감은 좋은 관계를 위한 선행조건이라 할 수 있어요. 시인 서정윤은 유명한 시집 《홀로서기》에서 관계 맺기에 대해 "둘이 만나 서는 게 아니라, 홀로 선 둘이가 만나는 것이다."라고 하였답니다. 청소년기는 또래관계를 통해 사회를 배우는 시기이지만, 질풍노도(疾風怒濤)하는 내면을 성장시키는 시기이기도 해요. 내면을 성장시켜 그 에너지를 관계에도 쓸 수 있기를 희망합니다.

그럼에도
아직은 미숙한 것이 정상이다

A	우리 반 애들이 모두 나랑 안 놀아요. 애들이 다 나 싫어해요. 학교에 가기 싫어요.
상담자	애들이랑 무슨 일 있었니?
A	네. B가 55랑 같이 제가 공부 못한다고 놀리는데, 애들이 다 같이 그래요.
상담자	그렇구나. 많이 화났겠네.
A	네. 엄청요. 그 XX들 죽여 버리고 싶어요.
상담자	그렇구나. 정말 많이 화났구나!
A	네. 완전 죽여 버리고 싶어요.
상담자	그 정도구나. 정말 많이 화났구나!
	(A의 분노 해소 부분 중략)
상담자	그런데 A야, 정말 애들이 다 널 싫어해?
A	네. 11이도 그리고 22이도 그리고……. 놀 애들이 없어요.
상담자	그렇구나. 그럼 많이 외롭겠네.

A	네.
상담자	혹시 B, 55, 11, 22 말고 다른 애들이랑 놀아보는 건 어때? 너 예전엔 99, 00이랑도 잘 놀았잖아?
A	(잠시 침묵) 그 애들도 저 싫어할걸요? 같이 놀자고 하면 맨날 못 논다고 하거든요.
상담자	그래? 요즘에도?
A	아니, 요즘엔 안 물어봤는데…….
상담자	그 애들은 못 노는 이유가 뭔데?
A	99는 학원에 가느라 시간이 없고, 00이는 엄마가 맨날 시험공부 하라고 바로 집에 오라고 그런데요.
상담자	그렇구나. 99는 학원에 가느라 바쁘고, 00이는 시험공부 때문에 못 노는구나?
A	네.
상담자	그런데 A야. 99는 학원 가느라 바쁘고, 00이는 시험공부 때문에 못 논다면서, 그 애들이 널 싫어서 안 논다고 말하네.
A	(침묵)
상담자	A야. 99랑 00이는 학원이랑 시험 땜에 못 논거랬잖아. 물론 그 애들이 널 싫어할 수도 있겠지만, 너랑 놀고 싶은데 사정이 있어 못 노는 것일 수도 있지 않을까? 그러니 학교 끝나고는 못 놀더라도 쉬는 시간이나 점심시간에 놀자고 해보면 어때?
A	모르겠어요.

잦은 결석으로 상담실을 찾은 중1 남학생 A의 상담내용 일부예요. 본래 활달한 성격의 A는 당시 2학기 부반장이었는데, 2학기 반장인 B와 갈등을 겪었어요. 그러던 중 함께 어울리던 친구들이 일시적으로 B의 편을 들면서 놀림의 대상이 되었죠. 그 후 깊은 우울감에 빠져 자신을 반 전체에서 '왕따'라고 여기며 학교 부적응을 호소했답니다.

이처럼 청소년기에는 친구 간의 사소한 갈등이 집단 대 개인의 갈등으로 번지면서 짧은 기간에 대인관계 상처를 겪기도 해요. 그리고 2차적인 증상으로 깊은 우울감이나 불안감에 빠져 상황이 급속도로 악화되기도 한답니다.

청소년기에 대인 갈등을 경험하는 것은 필요해요. 인간은 '사회적 동물'이기에 사람들과 잘 어울려 살려는 욕구가 커요. 그런데, 청소년기는 사회에 나가기 전에 이 욕구를 실현해줄 대인관계 기술을 실험하는 시기이기도 해요. 모든 시도가 그러하듯 실험에는 실수와 미숙함이 있을 수 있어요. 그래서 사소한 일에도 마음에 큰 상처를 받을 수 있답니다. 따라서 자신의 이러한 특성을 이해하고 해결방법을 찾아보며, 심리적 도움을 받는 게 마음 성장을 위해 매우 중요해요.

그러면 지금부터 제가 A를 도왔던 과정을 일부 알려드릴게요. 자신의 대인관계에 대한 생각(사고), 믿음(신념) 등을 이해하는 데 도움이 되길 바랍니다.

첫째, A에게 있는 비합리적 사고를 찾아보았어요. A의 경우는 '분노는 나쁜 것이다', '나를 좋아하면 같이 놀자는 내 제안을 받아들여야 한다' 같은 사고가 있어요. 분노는 사람 사이에 뭔가 잘못되었다고 느낄 때 생기는 감정이에요. 그리고 감정엔 좋고 나쁜 것이 없답니다. 다음으로, 상대가 나를 좋아해도 사정이 있으면 함께 놀자는 내 제안을 거절할 수 있어요. '~해야 한다'는 생각이 강하면 화나기 쉽습니다. '~할 수 있고, ~하면 좋다' 같이 유연한 사고가 좀 더 현실적인 생각이랍니다.

이와 같은 비합리적 사고는 많은 청소년들이 지니고 있어요. 이것은 왜곡된 가르침을 받거나 아픈 경험 등이 내면에 상처로 자리 잡으며 생겨납니다. 그런데 만약 청소년기에 대인 갈등을 겪지 않는다면 자신에게 이런 비합리적 사고가 있는지 알기 어렵겠죠. 갈등 경험은 자신의 비합리적 사고를 바로잡고, 마음의 상처를 치유하는 좋은 기회가 되기도 한답니다.

둘째, A는 미성숙한 방어기제를 사용하고 있어요. 방어기제란 유명한 심리학자 프로이드가 만든 개념이에요. 사람들이 문제 상황에서 마음속에 생겨나는 고통들로부터 자신을 돌보기 위해 쓰는 심리적인 대처방법을 말해요.

여러 방어기제 가운데 청소년기와 가장 관계가 깊은 것은 바로 '미성숙한 방어기제'예요. 이것은 내면의 갈등을 해결하기 위해 쓰는 미성숙한 방법들을 말해요. A는 미성숙한 방어기제 중에서도 '투사(projection)'를 사용하고 있어요. '투사'란 자기 내면의 문제를 다른 사람에게 전가하는 것을 말하는데요. A의 경우는 B와의 갈등으로 마음이 힘들어지자, 갈등이 있는 친구들뿐 아니라 반 애들 모두 자신을 싫어한다고 생각하고 있지요. 사람의 마음을 훤히 들여다보는 초능력이 있지 않고는, 반 아이들 모두가 A를 싫어하는지는 절대 알 수 없어요. A는 친구들과 잘 지내고 싶은 마음이 좌절되자 친구를 향한 미움이 싹트고 그걸 모든 친구에 대한 마음으로 확대시킨 것이지요.

이와 같이 내가 상대방을 싫어한다고 표현하는 것이 아니라, 상대가 나를 싫어한다고 표현하는 것, 즉 내 감정을 상대가 갖고 있다고 표현하는 것이 바로 '투사'랍니다. 사실 반 친구들 중엔 오히려 A를 좋아하면서도 침묵하거나, 아예 이런 갈등에 관심 없는 친구들도 있을 거예요.

A의 상담내용 두 번째 단락은 그런 부분을 A가 알아차리도록 도와준 것이에요. 상담내용의 마지막에서 A가 머뭇거렸지요. 이후 A는 용기를 내어 예전에 친했던 99와 00이와 관계를 회복시켰어요. 그러면서 우울에서 벗어나고 여러 심리적 도움을 받으며 예전의 활력을 되찾을 수 있었답니다.

A와 같은 경험은 청소년기에는 비교적 흔합니다. 아직 미성숙한 시기이고 비합리적 사고를 갖기 쉽기에, 상황이 나빠지거나 마음의 상처를 받기도 하지요. 이런 자신의 마음을 이해하고 위로해주세요. 도움도 청해보고요. 그러다 보면 어느새 마음의 키가 한 자락 자라 다시 밝아진 자신을 마주할 수 있을 것입니다. 그 후엔 친구들도 밝게 대하는 걸 느낄 수 있을 거예요. 세상은 내 마음이 어두우면 날 어둡게 대하고, 내 마음이 밝으면 날 향해 웃거든요.

또한 자기중심성이
커지는 시기다

"우리 애가 너무 이기적이라서 맨날 싸우느라 힘들었는데, 정상 발달이
었다니 애에게 미안하네요."

부모님들을 상대로 강연하고 나면, 종종 듣는 말이에요. 부모님들은
사춘기가 오면서 아이가 부쩍 이기적으로 변했다며 혹시 버릇없어지거
나 왕따라도 당할까 염려하지요. 그래서 때론 강하게 야단치고, 싸우기
도 한답니다. 문제는 그러는 사이 마음엔 멍이 들고 관계는 엉망이 된다
는 점이죠. 사춘기 청소년이 겉으로는 착하고 학교생활을 잘하는 것 같
지만, 집에서는 부모님과 사이가 나빠 상담을 요청하는 경우의 대표적
내용입니다.

　도움이 되길 바라며 결론부터 말하면 사춘기에 어느 정도 이기적, 자
기중심적이 되는 것은 정상적인 발달 과정으로 볼 수 있어요. 심리학에
서는 '청소년기의 자기중심성' 또는 '청소년기의 나르시시즘'이라고 하
요. (자신의 과장된 이미지를 이루기 위해 타인의 감정에 무관심하고 타인을 착

취하는 것을 지칭하는 용어.) 그러면 지금부터 왜 청소년기엔 자기중심적이 되는지, 그런 과정이 심리적 성장을 위해 왜 필요한지를 살펴볼게요.

심리학에서는 인간의 성장과정에서 이기적이고 자기중심적이 되는 두 번의 대표적 시기가 있다고 해요. 첫 번째 시기는 세 살 무렵이에요.

'미운 세 살'이라는 말처럼, 이 시기의 아이들은 "네."라는 대답보다 "싫어.", "아니야.", "나" 또는 "내가"라는 표현을 많이 해요. 무엇이든 만져보려 하고 스스로 해보려 하며, 이전처럼 말을 잘 듣지 않지요. 그 이유는 다음과 같아요. 두 살까지 아기는 엄마가 모든 것을 다 해주며 돌봐주기에 엄마는 무엇이든 할 수 있는 위대한 사람이라고 믿게 돼요. 그 믿음을 바탕으로 나 역시 세상엔 두려울 것이 없고 무엇이든 할 수 있을 거라고 믿게 된답니다. 그런 과장된 믿음을 바탕으로, 세 살 아기는 자기가 하고 싶은 것만 생각하고, 남의 입장이나 세상에 대한 두려움 따위는 생각하지 않고 행동해요. 이것이 아기가 세상에 나서는 첫 번째 탐험이에요. 물론 아기의 심리 상태는 과장되고, 비현실적이라서 이 경험은 엄마의 보호, 훈육, 허용 속에서만 가능하지요. 이 과정이 아기가 엄마와 분리되어 탐험 욕구를 채우고 자율성을 배우며 심리적으로 한 단계 성장하는 부분이에요.

즉, 세 살에 자기중심적이 되지 않고 지나치게 조심스럽거나 또는 엄마의 불안이 높아 아기가 어느 정도 만져보고 돌아다니도록 허용하지 않으면, 심리적으로 위축되기도 해요. 장차 스스로 탐험하고 뭔가를 하거나 새로운 시도를 하는 데 어려움을 겪을 수도 있답니다. 이 시기의 아기는 지켜야 할 것, 하지 말아야 할 것을 배우는 것과 동시에, 어느 정도는 이기적이고 자기중심적이 되는 것이 필요해요. 이는 적응적인 발달과정이랍니다.

두 번째 시기가 바로 청소년기예요.

청소년기의 아이들 또한 세 살 아이처럼 부모님 말을 잘 듣지 않고, 자기중심적으로 행동하는 경우가 많은데요. 그 이유도 '미운 세 살'과 비슷해요. 심리학자 에릭슨은 이 시기를 자아정체감 vs 역할 혼미의 시기라고 했답니다.

이 시기에 '자아정체감'을 만들어 나가려면 새로운 경험이 많이 필요하답니다. 그런데 부모님의 말을 너무 잘 들어서 내 마음이 원하는데도, 부모님이 가지 말라는 곳엔 절대 가지 않고, 하지 말라는 일은 절대로 하지 않는다면? 또는 세상이 너무 두려워서 뭔가 새롭게 시도해볼 엄두가 나지 않는다면 어떻게 될까요? 자신이 무엇을 좋아하는지, 나는 어떤 성격인지, 나는 어떤 일을 할 때 신 나는지, 나는 누구를 만날 때 즐거운지 등을 알 기회가 줄어듭니다. 그래서 청소년기의 아이들은 자기가 뭐든 할 수 있다는 듯이 조금은 과장된 자신감을 갖기도 해요. 또 그 힘으로 이기적이 되어 자기가 하고 싶은 대로만 하려고 하고, 부모님의 입장은 아랑곳하지 않고 위험하고 새로운 것들을 탐험해보려고 한답니다. 과장된 자신감을 바탕으로 모험하여 자신이 어떤 사람인지를 알고, 다가오는 성인기의 새로운 역할과 책임을 받아들일 준비를 하려는 것이지요.

그런데 이 시기에 주변 사람을 너무 배려하고 자기중심적이 되지 않는다면 어떨까요? 자기를 시험하기가 어려워지고, 자신을 알 기회가 점점 줄어들 수도 있답니다. 따라서 이 시기에 약간의 자기중심적인 변화는 어느 정도 적응적이고, 자연스러운 부분으로 볼 수 있어요.

여기서 주의할 점은, 청소년에게 자기중심적인 면이 있다는 건 그런 특성이 드러날 때 자신을 더 이해하라는 뜻이지, 이기적 행동이 옳다는 뜻이 아니라는 거예요. 자신의 발달적 특성을 이해해 자신을 이기적이라고 비난하거나 '자기밖에 모르는 사람'이라고 부정적으로 보지 말라는 뜻이에요. 또한 다른 사람이 그런 말을 해도 상처받지 말라는 의미이기도 하고요. 청소년기는 어른으로 성장하는 과정이기에 그런 특성이 나타납니다. 바람직하고 성숙한 사람은 내 입장을 돌보듯 남의 입장도 돌볼 줄 아는 사람이에요. 지금의 미성숙한 모습들은 하나의 과정이랍니다.

나는 나비

YB (박태희 작사, 작곡)

내 모습이 보이지 않아. 앞길도 보이지 않아.

나는 아주 작은 애벌레.

살이 터져 허물 벗어 한 번 두 번 다시

나는 상처 많은 번데기.

추운 겨울이 다가와 힘겨울지도 몰라.

봄바람이 불어오면 이제 나의 꿈을 찾아 날아.

날개를 활짝 펴고 세상을 자유롭게 날 거야.

노래하며 춤추는 나는 아름다운 나비.

날개를 활짝 펴고 세상을 자유롭게 날 거야.

노래하며 춤추는 나는 아름다운 나비.

거미줄을 피해 날아. 꽃을 찾아 날아.

사마귀를 피해 날아. 꽃을 찾아 날아.

꽃들의 사랑을 전하는 나비.

날개를 활짝 펴고 세상을 자유롭게 날 거야.

노래하며 춤추는 나는 아름다운 나비.

날개를 활짝 펴고 세상을 자유롭게 날 거야.

노래하며 춤추는 나는 아름다운 나비.

날개를 활짝 펴고 세상을 자유롭게 날 거야.

노래하며 춤추는 나는 아름다운 나비.

지금 자신이 애벌레나 번데기라고 실망하고 있나요. 희망을 갖고 견뎌보세요. 지금은 내 모습이 보이질
않아 힘들 수 있지만, 내 안에는 아름다운 나비가 있답니다.

관계에서 절망은
희망의 준비된게다

"학교 가기 싫어요. 애들이 다 별로예요. 착한 애가 하나도 없어요. 선생님도 맨날 화만 내고, 학교는 지옥이에요."

등교를 거부하던 초등학교 5학년 A의 말이에요. 초등학교 5학년, 즉 11~12세 경이 되면 아이들이 부모님과 거리를 두려 하고, 친구랑만 이야기하려 하며 또래관계에 무척 예민해지곤 해요. 이 시기의 또래관계는 관계 욕구는 매우 큰데 대인관계 기술은 미숙하지요. 그래서 A처럼 속으로는 상처받고, 끝으로는 등교를 거부하는 것으로 나타나기 쉬워요. 이는 비단 10대 초기만이 아니라 청소년기 전반에 나타나는 특징입니다.

이처럼 청소년기에 대인관계로 상처를 받는 것은 흔한 일이에요. 이것은 장차 성숙한 관계 맺기를 위한 과정 중의 하나랍니다. 이 시기의 자신을 이해하고 잘 보듬어 지혜롭게 보내는 것이 매우 중요해요. 청소년기에 대인관계에서 상처를 받기 쉬운 이유는 다음과 같아요. 잘 이해하고 이 시기를 지혜롭게 보내는 데 도움이 되었으면 해요.

첫째, 10대 초반의 친구 사귀기는 발달 특성상 외모, 학업성적, 운동능력, 사회경제적 지위 등의 외적 기준을 주로 따르기 때문이에요.

이런 이유로, 이 시기에 학교에서 열등감을 느끼면 또래관계에서 부끄러움과 창피함을 경험하는 경우가 많답니다. 다시 말하면 공부를 못하거나, 운동을 못하거나, 집이 못살거나, 매력적인 외모가 아니면 창피를 당하고 친구관계에서 상처를 받을 수도 있다는 것입니다. 사실 시간이 더 지나보면 대기만성(大器晩成)(큰 인물은 늦게야 두각을 나타내어 성공한다는 말. 큰 사람이 되기 위해서는 많은 노력과 시간이 필요함을 의미한다.)이라는 말처럼 자신의 능력을 늦게 발휘하는 사람도 있고, 친구관계에서 내적인 면들이 더 중요하다는 것을 깨닫게 되지요. 그런데 10대 초반에는 이런 발달적 특성 때문에 많은 아이들이 창피함으로 상처를 받곤 한답니다. 심리학에서는 이런 상처를 '수치심과 열등감으로 인한 상처'라 해요.

10대 중반에 들어서면서, 친구를 사귀는 기준이 성격, 인간성, 가치관, 종교, 취미, 관심사 같은 내적 특성으로 옮겨가는 경향이 있어요. 그런데 청소년들은 자기가 어떤 것을 좋아하며 관심 있는지 아직 잘 모르는 때지요. 그래서 비슷한 친구들과 어울리는 데 실패해 친구들로부터 배척당하고 외로움을 느끼기도 한답니다.

둘째, 청소년기는 내적으로 혼란한 시기이기에 외적인 대인관계 즉, 친구관계에 집중하기 어려운 때이기 때문이에요. 발달 심리학에 의하면, 사람은 전 생애를 사는 동안 삶의 에너지가 주로 내면을 향하는 시기가 있는 한편, 주로 외부를 향하는 시기도 있다고 해요. 그중 청소년기는 에너지가 내면을 향하는 대표적인 시기랍니다. 자세히 설명하면 삶의 에너지가 내면을 향하는 동안은 내 마음의 소리에 귀 기울이고, 내면의 부정적 감정들을 정리하고 성장하는 데 힘쓰게 되지요(청소년기, 중년기). 그리고 에너지가 외부를 향하면 그 내면의 성장을 바탕으로 사회인으로 외적 책임과 역할을 다하게 된답니다(성인기, 노년기).

이 과정은 마치 방 안이 어지러우면 손님 맞기가 불편하고, 방 정리를 해놓으면 손님 맞기가 편한 것과 비슷해요. 청소년기 아이들은 자아정체감을 찾기 위한 심리적 혼란을 해결하는 데 에너지를 많이 쓰거든요. 그래서 외적인 친구관계에서 타인을 배려하거나 적절한 행동을 하는 데 쓸 에너지가 부족할 수 있어요. 즉, 청소년들은 어지러운 마음 방을 정리하는 데 에너지를 쓰고 있어서, 외부 손님인 친구관계에 쓸 에너지가 부족하다는 거예요. 따라서 이 시기의 친구관계가 미숙할 수밖에 없고, 그로 인해 서로 상처받기 쉽답니다.

셋째, 청소년기는 사람에 대한 성숙한 신념을 만드는 과정이기 때문이에요. 심리학자들은, '인격적으로 성숙한 사람'은 대인관계에 관심이 깊으면서 동시에, 인간의 선하고 이타적인 부분과 악하고 이기적인 부분에 대한 통합적 신념이 있다고 말해요. 이 신념은 꽤 현실적이고 적응적이라서 대인관계에서 집착하거나 비관적이지 않도록 마음을 평안하게 만든답니다.

그러나 이런 신념은 하루아침에 만들어지기가 어려워요. 균형 잡힌 신념은 대체로 긍정적인 신념과 부정적인 신념을 모두 경험한 후에 만들어진다고 해요. 즉, 두 가지의 치우친 경험을 거쳐야 두 신념 사이에서 균형을 잡을 수 있다는 것이지요. 이 과정을 철학자 헤겔(Hegel)은 '정반합

(正反合)의 변증법'이라고 했답니다.

이것을 부모 자녀 관계에서 살펴볼까요? 어릴 때는 부모에 대해 무조건 긍정적으로 생각하고 부모님의 모범과 돌봄을 받아들이며 자라나요. 하지만 청소년기가 되면, 부모와의 관계에서 문제가 있는 경우는 물론이고, 문제가 없더라도 부정적인 생각과 감정을 경험한답니다. 이것은 심리적으로 독립하기 위한 과정이라서, 심리학에서는 '심리적 이유기'라고 말해요.

자세히 설명하면, 어릴 때는 누구나 부모님을 세상에서 가장 좋은 사람이라고 생각해요. 부모님도 인간이기에 훌륭한 부분도 있지만, 현실적으로 약하고 미흡한 부분도 있답니다. 사춘기가 되면 부모님의 약하고 미흡한 부분, 즉 부모님의 단점이 눈에 들어옵니다. 그에 따라 미움, 반항심이 생기기 시작해요. 만일 사춘기에 부모와의 관계가 너무 좋기만 하면, 나만의 마음(자아)이 생기기 어려울 수 있어요.

어른은 자신의 삶을 독립적으로 살아갈 마음과 힘을 가진 사람을 말해요. 따라서 청소년기 아이들은 부모와 분리된 나의 마음을 발달시키기 위해 무의식적으로 반항심을 가져요. 그래서 이 시기에 많은 부모님들은 아이의 반항에 힘들어하고, 청소년들은 마음을 추스르지 못해 방황하지요. 다시 말해 이때 이런 마음이 드는 건 어느 정도는 독립심이 자라나기 위한 자연스런 발달과정이에요. 이 시기를 지혜롭게 겪고 나면 마음이 자라고 부모님을 장점, 단점이 다 있는 한 명의 사람으로 볼 수 있게 돼요. 그때야 비로소 약점에도 불구하고 큰 사랑을 베풀어준 부모님을 더 성숙하게 사랑하게 되지요. 이 과정을 심리학에서는 '통합(integration)'이라고 한답니다.

이것은 대인관계에도 비슷하게 적용됩니다. 어린 시절의 친구는 긍정적인 면만 보기 쉬워요. 하지만 청소년기에 접어들면 친구들도 부모님처럼 부정적인 면들이 주로 보일 거예요. 그래서 이 시기의 아이들은 A처럼 "친구들이 다 별로예요. 착한 애가 하나도 없어요."라고 말하거나, 때에 따라서는 반 친구를 모두 험담하기도 하고, 심하면 A처럼 등교를 거부하기도 한답니다. 하지만 지금까지 설명한 것처럼 이것은 성숙한 인격으로 성장하는 과정에서 어쩔 수 없이 일어나는 일들이에요. 그리고 이것을 겪어내는 건 청소년 자신은 물론이고, 친구나 부모님, 선생님 등 모두에게 매우 힘든 일일 수 있습니다.

역사상 '천동설'이라는 굳건한 세계관이 깨지는 고통 끝에 '지동설'이라는 진리가 바로 설 수 있었던 것처럼, 청소년기의 어려움은 더 큰 성장을 위한 고통임을 기억하세요. 사람에 대한 부정적인 면을 보고 실망이라는 고통을 잘 겪어낸 후에야 사람에 대한 균형 잡힌 신념이 생긴답니다.

그러므로 청소년기의 대인관계가 너무 힘들고 외롭다 해도 관계 맺기를 포기하거나, 상처로 인해 마음을 닫지 않기를 바랍니다. 포기하지 않고 노력한다면 수치심과 열등감은 성공을 향한 열정의 원천이 되기도 해요. 또한, 관계의 상처는 내면을 들여다보고 성장하는 기회도 됩니다. 관계 때문에 지치고 힘들 땐 도움을 구하고 누군가가 없다면 스스로 위로하고 사랑해주세요. 지금은 성장통을 앓고 있을 뿐이라고 말이에요. 지금의 외로움과 힘듦의 끝에는, 사람들과 따뜻한 관계를 맺을 수 있는 성숙한 인격이라는 선물이 기다리고 있을 거예요.

이야기를 마치며

·
·
·

"힘드시죠? 그래도 한 바퀴 더! 여기서 한 번만 더 가면, 수영 실력이 느는 거예요."

1km를 쉬지 않고 수영한 후, 숨이 꼴깍 넘어갈 지경일 때, 수영코치가 제게 한 말입니다. 저는 죽을 것처럼 힘들었지만, 한 번 더 갔고, 결국 수영이 느는 결정적인 계기가 되었습니다.

저는 젊은 나이 때부터 무릎 관절염을 앓았습니다. 그래서 치료를 위해 오랫동안 수영을 배웠답니다. 그런데 전화위복(轉禍爲福)이 되어 이제는 수준급 실력을 갖게 되었고, 스트레스 해소법도 되었답니다. 위의 말은 제가 한참 수영을 배우던 시기에 들은 말입니다. 그 이후로 뭔가가 힘들어 포기하고 싶거나 고민이 있을 때 저 스스로 되뇌는 말이 되었습니다.

출판사로부터 '10대를 위한 관계 심리와 감정 조절' 책의 제안을 받고 처음에는 망설였습니다. 이전에 청소년 심리학 책을 쓰며, 충분히 만족스러웠고 또 기대 이상의 사랑을 받아 행복했기 때문입니다. 더 책을 쓴다는 건 바라지도 않았고, 실력도 되지 않는다고 생각했습니다. 하지만 위의 경험을 떠올리며 나 자신의 성장을 위해 어른으로서 한 번 더 노력해보고픈 마음으로 시작하게 되었습니다.

관계 맺기와 감정 조절은 마치 수영을 하는 방법과도 같습니다. 글로 설명하는 데는 한계가 있습니다. 그 과정이 섬세하고 복잡해서 어른들도 평생토록 배웁니다. 하지만 핵심은 오히려 간단합니다. 직접 경험하면서 그 과정에서 균형을 찾는 것이지요. 관계도 너와 내가 편안히 함께할 수 있는 균형점을 찾는 것이고, 감정 조절 역시 내적으로 참는 것과 외적으로 표현하는 것 사이에서 균형점을 찾는 것이랍니다.

그러므로 이 책의 독자들도 이 사실들을 염두에 두고 꾸준히 익히길 바랍니다. 헤르만 헤세(Hermann Hesse)는 《유리알 유희》라는 작품에서 '신이 우리에게 절망을 주는 것은 우리를 죽이기 위해서가 아니라, 우리 안에 새 생명을 불러일으키기 위해서다'라고 했습니다. 포기하고픈 순간에 한 번 더 노력해보길 바랍니다. 그러면 그때 새로운 무엇(관계 맺기와 감정 조절에 관한 지혜)을 체득했음을 느낄 수 있을 것입니다.

그리고 관계 맺기와 감정 조절을 위해 하나 더 추천하고 싶은 활동이 있습니다. 바로 '자신만의 글쓰기'입니다. 제가 이 글을 쓰기 시작한 목적은 읽는 이에게 도움이 되었으면 해서였습니다. 하지만, 저 역시 이 글을 쓰며 많은 도움을 받았다는 걸 알게 되었습니다. 그런 의미에서 마음 다스리기를 위한 글쓰기를 해보길 권합니다. 일기도 좋고 편지도 좋고, 어떠한 형식이든 상관없습니다. 마음이 가는 대로 글을 써봤으면 좋겠습니다. 마음 공부를 위해 읽은 책은 마음의 양식이 되고, 마음 다스리기를 위해 쓴 글은 치유의 경험이 될 것입니다.

마지막으로 이 책에 도움을 주신 많은 분들께 감사의 인사를 드립니다. 다른 사람의 아픔을 위로하고자 자신의 이야기를 기꺼이 들려준 내담자들, 제자들에게 감사를 전합니다. 사랑하는 부모님과 시부모님께 감사를 드립니다. 언제나 든든한 동반자이자 후원자인 남편과 조언자로 성장한 딸 예진이, 이 책의 주인공이자 영감의 원천 아들 성준이에게도 깊은 감사와 사랑을 전합니다. 그리고 고비가 있을 때마다 지지와 격려를 아끼지 않은 박선희 에디터와 팜파스 출판사에게도 감사를 드립니다. 또한 이 책의 초고를 읽고 공감 어린 피드백을 준 변은숙 님에게도 감사의 인사를 전합니다. 그리고 이 글을 읽고 계신 모든 분들께 머리 숙여 감사를 드립니다. 제 글을 읽어주신 분들 덕분에 제가 글을 쓸 수 있었습니다.

그리고 이 모든 것을 가능하게 하신 나의 하늘 아버지, 하나님께 감사를 드립니다.